聚学文丛

墓歌集

蒋力 著

文汇出版社

图书在版编目(CIP)数据

墓歌集 / 蒋力著. —上海:文汇出版社,2022.9
(聚学文丛 / 周伯军主编)
ISBN 978-7-5496-3820-8

Ⅰ.①墓… Ⅱ.①蒋… Ⅲ.①散文集-中国-当代
Ⅳ.①I267

中国版本图书馆 CIP 数据核字(2022)第 127678 号

(聚学文丛)

墓歌集

主　　编 /	周伯军
策　　划 /	鱼　丽
篆　　刻 /	茅子良
著　　者 /	蒋　力
责任编辑 /	鲍广丽
封面装帧 /	王　峥
出版发行	文汇出版社
	上海市威海路 755 号
	(邮政编码 200041)
经　　销 /	全国新华书店
排　　版 /	南京展望文化发展有限公司
印刷装订 /	上海颛辉印刷厂有限公司
版　　次 /	2022 年 9 月第 1 版
印　　次 /	2022 年 9 月第 1 次印刷
开　　本 /	889×1194　1/32
字　　数 /	175 千字
印　　张 /	8

ISBN 978-7-5496-3820-8
定　　价 / 49.00 元

说墓（代序）

我注意到墓地，纯粹是这几年的事。

先是在广州城外的白云山脚下，我偶尔路过，霍然发现，路边山坡上浩浩荡荡的墓碑颇具规模，索性下车，认认真真地看了个究竟。那地方名叫"中华永久墓园"，于海外华人来说，大概算是个叶落归根、魂归故里的好地方。

北京的墓地，要论影响，首推八宝山革命公墓。这些年的变革早已促使人们打消了土葬的观念，城市建设也征用了不少旧时坟墓所占的土地，所以，想看看墓地是什么，并不是件容易事。除了八宝山，京城还有几处陵园，我还没活到为自己选墓地的年龄，故无兴趣了解那些墓地的情况。八宝山是一个特殊的、带有政治含义的墓地，也是多年来每逢清明进行革命传统教育的地方。北京话中，"想去八宝山"的意思就是想找死，但实际上想找死容易，想去八宝山却不那么容易。革命公墓的意思很明确，没有一定的政治身份和杰出贡献，八宝山不会收你；没有骨灰瞻仰证的人，也不能随便迈进那个大门。八宝山的墓地分为几个部分，进门两侧是非常规整的墓群，从尺寸上估计，仍属土葬时期的产物，所以占了不少面积。径直走到头是公墓的主体建筑，里面是前后几进的四合院，都是骨灰室，按逝者的级别分置于正房或东、西厢房，总有十数间的样子。我的恩师、画家王叔晖先生，一九八五年去世后，骨灰盒在一间骨灰室里放了三年，后移于院内新建的骨灰墙。墓碑上有简单的两行字体，没有图片，与左邻右舍那些带烤瓷遗像的明显有别。毫不乍眼，默默昭示，一如其人，亦如其画风。

八宝山后沿山坡也建起了墓地，无事无缘，我至今仍未去过。进大门两侧的那些墓碑，因每次必经，也就每次都顺便看看。印象颇深的是这些墓碑设计考究，质地坚实，有些名人（当然是就我的视野而言）的墓碑甚至也是一件精致的艺术品。某年的八宝山之行，我特意在"画家徐悲鸿之墓"前多逗留了片刻，给儿子极其简单地讲述了徐悲鸿其人其画，十岁的儿子听完，要求道："我在这儿照张相。"这座墓碑的占地面积大约是其他墓碑的两倍，简朴简洁，大方大气。碑上方嵌着徐悲鸿的浮雕头像，两侧是生卒年月，碑文为郭沫若所书，下端摆着一个石雕花环，墓基没有着意高凸，只圈了一围石柱和铁链。三月的北京，经冬的松柏尚未转绿，正午的阳光透过树枝洒在静穆的墓地上，斑驳如画，如悲鸿生前在大幅宣纸上泼洒的水墨。这是留在我拍摄的照片上的意象：一个十岁的少年，或许是我的儿子，或许是二十多年前的我，或许只是任意一个不知名的少年，坦然地坐在墓碑一旁，呈现在他面前的是一条从生到死的必由之路。

五月的最后一个星期里，为参加王洛宾老先生的墓碑揭幕暨骨灰安放仪式，我来到北京金山陵园内刚刚建成的王洛宾夫妇墓前。陵园虽具规模，留给每位逝者的面积却并不宽裕。洛宾老人的墓已然超过众人，当也是格外照顾了。墓的左右两边长着一棵枫树和一棵黄栌，让人遥想到它们色彩绚美的季节。黑色的墓碑上只有文字，没有照片也没有雕像，墓碑的背面刻着那首脍炙人口的歌曲——《在那遥远的地方》，是洛宾的手迹，是

徐悲鸿墓

凝成文字刻进石头的旋律。等待仪式开始的那会儿，我倏而想起十一年前的夏天，我在昆明西山见到的聂耳墓。那是一架立式钢琴状的墓碑，用的也是黑色大理石。就是那次因公滞留云南，导致回京未能见到恩师王叔晖先生最后一面。

仪式开始，乐曲响起，还是《在那遥远的地方》。和我站在一起的是指挥家杨鸿年教授和中央歌剧芭蕾舞剧院副院长康健先生。一个月前，我们合作推出了"王洛宾与西部民歌音乐会"，在音乐会上，这首歌无论是独唱还是合唱，都深受欢迎。此刻我冒昧地想：对逝者来讲，再好的墓碑是不是也不及这种效果？把旋律刻进石头是不是也不如传唱百世？

墓地，不是我的归宿。眼下已经出现了更新式的葬法，乘飞机或是乘船，把骨灰撒向大地或者大海。我不会选择墓地，能留下几本书或是几篇文章，若干年后还能诱人去读，此生足矣。那，就是我的墓。

一九九六年五月三十一日凌晨于京城东官房西厢记

目录

Ⅰ 说墓（代序）

001 墓地游吟
005 百年墓园
017 刘半农：教我如何不想他
030 刘天华：良宵苦短　人亡琴歌
039 弘一大师　法雨希声
044 徐志摩：海宁神交
053 林徽因的无字碑
059 悲欣陆小曼
069 沈从文：士兵・作家・学者
075 重读刘雪庵
085 阿炳的心迹
092 萧军《言志》诗言志
100 呼兰河畔说萧红
105 沈湘的笑脸
112 陈从周与南北湖
116 钱君匋：钟声送尽流光
124 万花山上梅兰芳
130 梨园——墓园
135 君秋仍在
139 盖叫天：江南活武松

143 戏剧家：百年黄宗江
161 曾卓：重要的是爱
169 画家叶浅予
175 隔栏回望利玛窦
181 李治华：语文工作者与法文翻译家
194 李德伦："命运"的交响
230 王叔晖：画传缘起　隔代师徒

墓地游吟

这四个字，是我二〇〇一年初次拜谒林徽因墓之后写下的一篇文章的标题，我希望它也能成为这本书的书名。我对墓地的留意，在最近这两三年里，忽然衍变成了一种自觉的行动。原因有二，一是十几年来每到三月我都要去一趟八宝山，为我的习画恩师王叔晖先生及逝去的家人扫墓。在八宝山公墓内，我总要看看路边的墓碑，其中有一些我知道的、尊敬的文化界前辈。站在他们的墓碑前，静静地缅怀片刻，或是沉下心来想想他们的成就、贡献，自己确能充实些许。在这类墓碑旁的逗留，不仅因为我略知其人，墓碑本身的特殊样式也是吸引我留步的因素。比如说，徐悲鸿和闻一多的墓碑上都有一幅浮雕头像，很生动、很个性化的雕塑，在八宝山成片的墓碑中格外夺目。若是在欧洲某个公墓，墓碑上出现浮雕头像、半身像，甚至全身塑像，都不稀奇。但在中国的公墓里，似乎没有形成这种风气，虽然说我们的雕塑艺术并不差。所以，在罕见的墓碑塑像前，我的逗留，不排除也有我对雕塑艺术的欣赏。闻一多先生墓碑上的浮雕，依据的就是他那幅最著名的叼着烟斗的侧面像，我最近才从《追寻至美——闻一多的美术》一书中看到这幅照片，两相对照，更感到雕塑的传神。这种感受，五六年前我就已写过文章，但投入更多的精力去观察、比较文化人墓地的异同和缺陷，还是由于第二个原因。某年清明，老舍之子舒乙在一篇文章中谈到墓地文化，谈到京城西北的诸多文化名人墓。我很赞同他的观点：文人墓地应当是文化圣地，需要一本书去专门描述。他提到的一些文化故人，我也颇有兴趣做一次不同于以往的回顾和评判，于是，我开始了有目的的探访。

这个工作从北京做起，上海和浙江的一些墓地也列入了我的探访计划。我把范围圈定在近代至当代文化人之内，以比较有特色的墓地及墓主为主要对象，从观察墓地写起，力求尽量写出这些墓地的文化内涵。

什么叫有特色的墓地？我以为，前面提到的闻一多墓即是一例，我在八宝山按图索骥找到的林徽因墓也是一例。林墓的碑上原来有字，写的是"建筑师林徽因墓"，后来，字被红卫兵敲掉了，只留下她为人民英雄纪念碑设计的汉白玉花圈的刻样。我和友人一起制作的小剧场歌剧《再别康桥》，戏就是从金岳霖独自一人的"墓地游吟"开始的。老金为了林徽因终身未娶，他去拜谒林徽因墓是合情合理的。我们想探访的则不仅是林徽因墓，还有梁思成、金岳霖、徐志摩墓。徐墓在他的故乡硖石，剧组的两个人专程去了，献上了一束鲜花。金墓在八宝山，我们找不到。梁的骨灰在八宝山的骨灰堂里，非亲属且不够级别是没有资格去凭吊的，只能借到香山梁家墓地凭吊时送上了我们对梁思成的怀念。我想写的书不是文化人墓地扫描，所以有选择，这选择中的含义，也包括了我对墓地文化的一些想法。特色，不一定非是在墓碑上雕塑人像，林徽因墓是另一种特色，梅兰芳墓地的那朵白色梅花托着墓棺的样式，又是一种特色。特色，即把逝者的贡献、成就、职业、个性、品格中的某一项强调了出来，物化地留了下去，而不是人去茶凉、烟消云散。我觉得，为文化名人修建墓地，已不是逝者家庭内部的私事，通过墓碑突出甚至彰显其特色，它的文化价值和历史意义更重要。

然而，我在探访过程中见到的有特色的墓地确实不多。简单的、雷同的、整齐划一的、没有任何特色的墓碑倒比比皆是，固然是名人，有的却简单到连碑文和生卒年份都没有。原因肯定不一，或受当时的环境制约（如韦素园墓、王莹墓），或以简单替代复杂（如曹禺墓），或只代表家属后人（这样的最多）。近些年墓园大增，墓地倒好像更紧张了，一排排比肩而立，一样的石料，一样的刻工，一样的字体，一样的泥金或描黑，能有名家题字的就属于有特色的了。这样的墓地，往好了说，也就是让逝者入土为安，后人有个追思寄情的地方；坦率地讲，挤挤插插地堆在那里，抹平了特色而等同相待，未必就是对逝者的尊重，也忽略了逝者可以最后永久呈现给后人、后代的精神魅力。

倡导墓地文化，不是倡导逝者与活人争地皮，也不是倡导攀比豪华和奢侈。华夏陵园有一组京剧艺人墓，其中某座墓碑耗资竟达一百五十万元，特色却不鲜明，倒是那里的叶盛兰墓给我的印象更深。雕刻在碑上的八个京剧人物，都是逝者塑造的角色，这特色绝对是他人替代不了的。徐志摩墓前有两块诗碑，刻着他的名诗《再别康桥》和《偶然》的片段；丁善德的墓碑是黑色大理石雕出的三角钢琴；王洛宾墓碑的背面刻着他的歌《在那遥远的地方》；冯友兰的墓碑就像一个山东汉子的身躯……这才是特色，才是文化。我还想到的是，有一定贡献的文化人，为之修建墓碑的任务是不是不该仅落在其后人身上。家人修墓，一是设计观念未必能体现逝者特色和文化内涵；二是资金未必充足；三是碑上常见"慈父慈母"字样和一片子女姓名，该强调的反而一点也没有，既无特色，也没文化。如果家人与有关部门联手，从设计到资金，大概都能尽如人意一些，这也是对社会做出的文化贡献。

若说督促我关注文化名人墓地还有第三个原因，那就是高莽先生出版的一本书：《灵魂的归宿——俄罗斯墓园文化》。他顾忌这样的书送人不吉利，我却主动索求了一本。书中提到俄罗斯人把一些著名的公墓称作"露天雕塑博物馆"；作家果戈理的墓碑（碑上有半身塑像）是以苏联政府的名义敬立的；出自雕塑家基巴利尼科夫之手的马雅可夫斯基纪念碑曾获得斯大林奖金。我们呢？据我所知，茅盾、老舍这样的大作家，骨灰盒都供在八宝山的骨灰堂里，和梁思成一样，不是你想凭吊就能进去的。梅兰芳逝世后，一位文化部副部长说：暂勿立碑，政府拟拨款修建成风景区（见《许姬传艺坛漫录》）。四十年过去了，梅墓虽然立了碑，却连碑文都没有，现在墓前另一碑上写的是"海淀区文物暂保单位"，难道这样一位大师的墓地都不值得永保，只能暂时保护吗？更难堪的是，这墓地所在的万花山，差不多快成了粪便山，费力爬坡，走到马连良、言少朋、周和桐、王莹墓前时，先要小心的是别踩一脚屎。想到这些，我就觉得倡导墓地文化似乎为时尚早。但目睹那么多新建的墓园都生意红火，我又不忍看着没文化的行为继续下去。难道俄罗斯及欧洲诸多国家的做法对我们就毫无启示吗？

但愿我的议论不是奢谈。

百年墓园

上海有一座百年墓园，这就是位于虹桥路一千二百九十号（今宋园路二十一号）的宋庆龄陵园，原万国公墓。

万国公墓初名薤露园，清宣统元年（一九〇九年）初，浙江上虞人经润山在上海西乡（今虹桥路以北，沪杭铁路西侧至姚虹东路，南到潘家浜）购地二十亩，筹建公墓，一九一四年建成。经润山病故后，该园被建设沪杭铁路占用，一九一七年其妻汪国贞在西边张虹桥购地五十余亩，将薤露园西移至此，名为薤露园万国公墓，同时对外国人开放。据史料介绍，那时的公墓，四周有溪流环绕，墓区内绿树成荫，芳草萋萋。墓前区有罗马城堡式纪念堂建筑，堂后有中式建筑的追思厅。一九三四年，由上海市卫生局接办，改称上海市万国公墓，墓区范围扩大到百余亩，成为当时上海滩一流的公墓。许多达官显贵、巨商富贾、社会名流、外籍名人，去世后都葬于此。墓园内有一片区域是宋家墓地。一九八一年五月二十九日，国家名誉主席宋庆龄在北京逝世，遵遗嘱，将骨灰安葬于其父母墓侧，上海市政府辟出万安公墓部分园地，建成宋庆龄陵园。园内苍松翠柏，肃穆安静。黑色大理石墓碑上是邓小平题写的"宋庆龄同志永垂不朽"。一九八二年，宋庆龄陵园被列为全国重点文物保护单位。

二〇一〇年，我探访了这座百年墓园——万国公墓。

大概因为它已改名宋庆龄陵园的缘故，入大门时稍多一道手续：要出示本人的有效证件。进园后，我先参观了宋庆龄纪念馆，然后拜谒了宋庆龄墓。说实话，这不是我此行的主要目的，但我的主要目的是什么？是具体的哪一位先人、逝者？我也说不清。我的这本《墓歌集》的定位是文化名人，做过文化善事的政界人士不在此列。没想到，以此为限，在这个名人墓园，也有多位契合的对象。只能有选择地写几位了。

虽然鲁迅先生的墓已于一九五六年（去世二十周年）迁到上海的虹口公园（现为鲁迅公园）——那里与他生前最后居住的大陆新村几乎只有一箭之遥，但这里是先生去世后下葬的地方，况且还保留了当时的一点点痕迹，所以要从鲁迅先生的墓写起。

一九三六年十月十九日，鲁迅先生病逝。十月二十二日下午，鲁迅葬仪在万国公墓礼堂前举行。

鲁迅墓碑由夫人许广平亲自设计图样，鲁迅逝世周年时建成。水泥墓碑立于墓穴之后。墓碑呈梯形，一座依据鲁迅半身像烧制的瓷像嵌在墓碑上部，一块深色石板嵌在下部。女作家萧红从日本归国后，曾来给先生扫墓，与萧军、许广平、周海婴等人在墓前拍了照片。从照片上看，墓碑不高，只及海婴的胸部，那年海婴不过八九岁。在《鲁迅与我七十年》这本书中，有几幅鲁迅墓的照片，第一幅照片的文字说明为"墓碑上的字是我幼年时写的"。但在照片上可以看到，瓷像上端和下面的深色石板上各有一行字，且字体不同。不知哪个是海婴写的，或许两条都出自他的手笔？海婴先生已经过世，这件往事也无从考证了。

日本侵华的战火燃到上海后，鲁迅墓出现了一件怪事：墓碑上瓷像的面容部分被敲掉了。报纸上的一种说法是"遭到破坏"。据海婴说：市面比较平静后，有人告诉母亲，父亲墓碑上那块被敲掉的瓷质画像，又完整地按原样复制烧了一块，重镶在碑面上。有说是一九四四年重新换了瓷像，大小和原状相同，绘像风格略异。许广平问过内山完造，他否认是他所为，又问内山书店唯一的中国雇员王宝良，是不是内山所为，王没有承认，也没有否认。海婴书中说：这谜底已经不难解开了。

一九四七年，许广平设计绘制"鲁迅墓园图"。按图改建后的墓为正方形，南边正中入口，三步石级，迎面是四只供瞻仰者插花的胖肚形毛石花瓶，后是墓椁，再后为野山式墓碑，碑顶左右呈圆形，碑身斜向凿多条宽沟，碑面嵌有黑石板，上镶椭圆形瓷制鲁迅遗像，像下刻周建人所书"鲁迅先生之墓，一八八一年九月二十五日生于绍兴，一九三六年十月十九日卒于上海"的阴文贴金碑文。墓四周，以毛石作围，沿围石遍植冬青及柏树，其中周恩来和许广平于一九四六年种的两棵柏树移至墓左右方。原墓碑侧卧在墓穴右前方。

上面的描述都是抄来的，我没见过一九四七年改建后的鲁迅墓或照片，只看过现今鲁迅公园里的鲁迅墓，是毛泽东主席的题字。文化人的墓，规模大到那样的程度，也就超出我关注和研究的范围了。

在万国公墓，当年鲁迅墓的原址，现在有一方碑，上面用镏金隶书写道：鲁迅先生原葬地（一九三六——一九五六）。这块石头被绿色的植物簇拥，虽处于一片草坪的一角，却仍醒目。我分别从远近两个不同的距离拍了照片。与此类似的标志，我只在北京的万安公墓见到过一处，那是李大钊的原葬地。低矮的碑上写的是"守常"，也没有镏金，不熟悉李大钊的人是不太容易注意到这块碑的。

内山完造夫妇的墓也在万国公墓。

我对做书店的人，一直充满敬意。有一年在上海，朋友陪我穿行永安里、浏览多伦路，然后到大陆新村。从鲁迅故居出来，走到路口，见到路边的一块牌子上有"内山书店旧址"的字样。旁边还有一家新华书店。不知那家书店现在还有没有。

内山完造在上海居住了三十余年，且申请了永久居住权，后被国民政府强行逐走。

"他在上海的大部分岁月，都是经营书店，多时且不止一家。

他和鲁迅结识于一九二七年，他们的友情一直延续到鲁迅去世。他对鲁迅的感情，一直延续到他去世。

内山书店，一度成为鲁迅作品的代销店，也是鲁迅所去最多、买书最多的书店。

内山完造为自己起的中国名字叫邬其山。一九三一年，鲁迅手书诗作《赠邬其山》：

廿年居上海，每日见中华。
有病不求药，无聊才读书。
一阔脸就变，所砍头渐多。

忽而又下野，南无阿弥陀。

一九三六年，在鲁迅葬礼上，内山完造致辞：

鲁迅先生的伟大存在是世界性的。因此，我们感受到的印象和影响，也是非常多方面的。然而，一言以蔽之，他是一位预言家。先生的每一句话，都如同旷野上的人声，不时地在我脑际打一烙印。

先生说，道路本来没有，是人走出来的。

每当我念及这话，仿佛就见到先生只身在无边的旷野中静静地前进着的姿影，和他踏下的清晰的足迹。

希望诸君不要让先驱的足迹被杂草覆盖，希望诸君为了使先驱的足迹变成大道而奋斗努力！

一九五六年，内山完造以日中友好协会副会长的身份，来中国参加鲁迅去世二十周年纪念活动，不幸病逝于北京协和医院。按其遗愿，他的一半骨灰，与已故前夫人内山美喜子一起葬于万国公墓。

鲁迅先生葬在万国公墓后，内山完造不仅去过多次，还曾资助了鲁迅墓的整修。也许，那时他就抱定了自己死后也葬于此处的想法。

一九六七年，他的墓从万国公墓迁到浦东公墓，一九七六年迁回。他的墓，与"鲁迅先生原葬地"那块碑相距不过百米之遥。

即便是百米，我觉得还是稍远了些。内山有一幅蹲在鲁迅墓旁的照片，面带微笑，那笑容里，分明包含着他对故人的回忆。如果把他的墓就近建在"鲁迅先生原葬地"旁，或许更可象征他们的生死之交了。

内山完造夫妇的墓，造型相当别致，墓穴上建了两

内山完造夫妇墓

具墓碑，一为桥形，一为书形。

两座并列的桥式墓碑上分别刻着：内山书店创立者内山美喜子之墓　内山书店结束者内山完造之墓

翻开的书形墓碑上刻着中国现代作家夏丏尊撰写的碑文：以书肆为津梁，期文化之交互。生为中华友，殁作华中土。吁嗟乎如此夫妇！

一九八五年，为纪念内山完造一百周年诞辰，有关部门在内山夫妇墓的顶端新立纪念碑，上刻日中友好协会顾问、《内山完造传》作者、作家小泽正元手书的中文正楷：内山完造先生为日中两国人民的友谊作出了卓越贡献的精神永垂不朽。内山完造先生诞辰百周年纪念　一九八五年九月　小泽正元书

翌年，在纪念碑上，镶嵌了内山完造夫妇的合影瓷照。

我不知那桥形的墓碑有没有奈何桥的意思，或与日本的风俗有关？

万国公墓里的国人故者，尤其是文化人，显然是有选择、有标准的。这选择，就是由他人、由陵园的主管者，甚至是主管的上方来定，类似于某一级别的"钦定"。这标准，一定是其领域的领衔人物，或按现在时髦的说法，是大师。否则，这里很快也会墓满为患了。某种意义上讲，我倒是赞同这样的"钦定"，因为它不是平民公墓，它应该有自己的规格，它不允许在自身的范围里出现墓墙（连入土为安都谈不上了）或密密麻麻成排成片的墓群。

不妨把我在万国公墓看到同时也还算了解的中国文化界大师或领衔人物排列如下（排名不分先后）：

周信芳，京剧表演艺术家，麒派创始人；

俞振飞，京昆表演艺术家；

张乐平，漫画大师，创造了家喻户晓的"三毛"形象；

孙道临，电影表演艺术家；

谢稚柳，书画鉴定大师，书画家；

陈逸飞，画家，艺术家……

这几位的墓，有一个共同点，就是都有一尊雕塑，或头像，或胸像，或大半身，所配的石料也有区别。共性之外还尽量突出了逝者的职业个性，如：张乐平怀抱"三毛"，俞振飞手执折扇，周信芳的基石上雕刻了一只麒麟，谢稚柳背衬书法对联屏风（书法选自他的作品）。于设计可谓精心，于制作可谓精致，于效果可谓精彩。舍弃瓷照而用雕塑，不囿于中国历代墓地常见的墓碑、墓穴的传统样式，这一点也是与国际（尤其是欧洲）接轨了。

陈逸飞的墓，虽然在雕塑的头像上无甚独特，倒也传神，可以抄录一下的是余秋雨先生为之撰写的墓表：

陈逸飞先生是当代中国享誉国际的杰出画家。他在劫后余生的文化断层间，找回浔阳遗韵的风姿，江南午后的宁静，小桥流水的思念，安顿了一代人浮躁的眼神和心灵。而后，他又日夜求新求变，扩充绘画生命，拓展视觉艺术，作出极大贡献。

美的事业，熬人心血。陈逸飞先生正当盛年，欲（此字疑为却，误笔为欲）将光彩吐尽。噩耗传开，海内外一片震惊哀悼。今家人筑墓于此，嘱我写碑。我仅想以一言告知日后凭吊者：这里安息着一个人，他曾以中国的美丽，感动过世界。

张乐平墓

孙道临墓

谢稚柳墓

秋雨先生的书法是可以观赏的，如果照其墨迹勒于石上，既是传承，又免讹错。现在这样，以铜制材料刻字，效果显然不佳，错为谁责，也辨不清了。

二〇一二年三月四日记于京东百子湾后现代城

刘半农：教我如何不想他

《教我如何不想她》这首歌，是我相当偏爱的一首中国艺术歌曲。音乐会上常常能听到，但给我印象最深的是许多年前听过的男中音歌唱家傅海静的演唱。音色好，感情真挚，自不必说，能唱出层次和内涵，是最难得的。词作者刘半农，五四新文学运动的骁将，北京大学教授，前后两层身份集于一身，在今天看来，或也有些不可思议。而今的大学教授，会把歌词（退一步，就说是诗歌）创作放在眼里吗？还有能写出这等诗歌的教授吗？只怕是能完整唱下来的人也不多了吧。我不是教授，但我想借写这篇文章的机会检验一下自己的记忆力，惭愧，也不行了，我只能默记出大半，也许，当初我就没有背全过这首诗，我记得最清楚的是这诗的第一段。

二〇〇二年初，我曾两次来到北京西郊香山梅兰芳先生的墓前。当时亦想寻谒刘半农、刘天华先生之墓，找不到时，问过当地的护林人，告曰：在玉皇顶上呢。顺着护林人的手势看去，视线就拉向了山头。正月初一，我再去香山，沿一条较明显的山路爬上去，才发现已经没有可以问路的人了。边走边寻，走到一个拐弯处，那方正的墓地就蓦然出现在松柏的怀抱中。山路在墓的背面，所以先看到的也是墓碑的背面。冬日正午的太阳，光线并不刺眼，逆光中的那墓就显得格外立体和肃穆。碑上有篆书大字：国立北京大学教授镏君之碑。是余杭章炳麟的手笔。镏，在这里有什么特殊讲究？我不知道，只能理解为"刘"的谐音。墓铭是绍兴蔡元培所撰，吴兴钱玄同书丹，很长，读下来稍有些吃力，因那文体和字体。我在那里读这墓铭时，有爬山的人经过，也走到跟前看了看，看不懂，就走了。

碑的正面也是篆书，曰：国立北京大学教授刘半农先生夫人之墓　吴敬恒拜题　一九八九年元月重建。

碑料的成色确实偏新，墓地的几层石台，用料不同，新旧感觉也不同。压在最上面的一块是汉白玉，从上面的字迹可以断定是半截墓碑，内容大致与现在立在那里的碑相同，只在文末多了半句："……年一月九日卒同年六月十六日合葬。"下面四层像是青石，其中两层周边有雕花，工艺相当精细，再下面的三层是花岗岩，边角处也有些风化了。墓地旁边有废弃的汉白玉断碑，也是蔡先生的铭文，看来是原来的墓碑。刘半农墓的正前方数十米处，就是他的兄弟刘天华的墓地，兄弟如手足，死后也能相伴长眠，确是一种幸福。我们从刘天华墓前的小路下山，发现路边丛林中的一块石头上写着"兄弟坡"三字，这名称，看来是有了兄弟之墓以后才有的，我觉得很有人情味。

归来后翻阅刘小蕙所著《父亲刘半农》一书（上海人民出版社二〇〇〇年九月版），得知此墓与当初的墓地面目皆非。当年，刘半农曾携家人到碧云寺瞻仰孙中

刘半农墓

山先生的灵柩，而后走到玉皇顶大木坨前，他指着一座白石塔说："这是一个烈士墓，他虽然为国捐躯，成为烈士，但是能安葬在这样风景绝胜的山上，也可以告慰忠魂于地下了。"那座"白石塔"其实是一座西式的方尖碑，我也见到了，距半农先生墓不远，烈士的名字叫郑国材，碑建于一九三一年。在刘氏兄弟墓之间，还有一座样式规范的烈士墓，碑已斜倒，"祁烈士耿寰之墓"几个字系于右任题，背面的碑文是商震撰文，墓碑立于一九三三年。

据书中介绍，这里原来是中法大学的公墓，为了纪念刘半农在学术上的贡献，及曾在中法大学任教，该校捐赠了这块墓地。一九三五年五月二十九日安葬，墓地由汪申伯（时任北平市务局长）设计，有铁制墓门，汉白玉雕栏围绕墓基，墓冢正面有浮雕头像，左右两侧有刘半农创制的"声调推断尺"和仿西汉"日晷"雕刻图案。雕像下是名画家黄宾虹题写的篆书"刘半农先生貌像"。墓碑文字由沈兼士、周作人、魏建功、马衡等友人合作完成。一九四七年一月，刘半农夫人朱惠去世后，与夫君合葬。"文革"中，墓地被毁，一九八二年修复，显然比原来简单了许多。书中没有提到一九八九年的重修。

设计墓地的汪某，这里不妨赘述一笔。刘半农有《为汪局长脱靴》一文，是其杂文中少见的捧人文字。依其说，汪申伯与刘半农是留法同学，不熟，回国后同在中法大学共事，少有往来，只在教务会议上见见面，还时常吵架。刘半农对汪某印象的转变，始自汪某为中法大学建造大礼堂。后汪某任工务局长（非刘小蕙所说市务局长），其业绩令半农刮目："他自从接任之后，就不慌不忙地计划修路，虽然经费异常竭蹶，仍是一面修，一面计划，修了一条又一条，修了一尺又一尺。凡是久居北平的人，都可以感觉到在申伯做局长以前的北平道路是怎样，在他做局长以后的北平道路是怎样，也用不着我来一条条地细说。"半农很希望以脱靴之法挽留汪申伯再做十年局长，后来情况如何，不得而知。想必汪申伯的为刘半农设计墓地，原因不会仅由于此，但那组设计的文化含量之高，确是令人神往。今已无存，想来亦难免唏嘘。

周作人称，刘半农的两种好处，一是真，二是杂学。"他的专门是语音学。但他的兴趣很广博，文学美术他都喜欢，作诗，写字，照相，蒐（笔者注：义同搜）书，讲文法，谈音乐。"蔡元培的那篇墓铭中有云："君所为诗文，均以浅显词句达复杂思想，于精锐之中富诙谐之趣，使读者不能释手。然君不以此自足，决游学欧洲。"写诗，只是刘半农诸多兴趣中的一种，而能以"浅显词句"表达复杂思想，才是他的过人之处。一九二〇年二月，刘半农携妻女赴欧洲留学，仍未中断写作。八月九日，在上海《时事新报·学灯》发表《"她"字问题》，首创"她""它"二字，提倡用"她"字作为女性第三人称代词。那时，周作人倡导的却是"伊"。九月四日，刘半农在伦敦作《教我如何不想她》，首次将"她"字引入诗句。一九二三年九月十六日，这首诗发表于北京《晨报·副刊》，且标有"情歌"字样。全诗如下：

> 天上飘着些微云，
> 地上吹着些微风，
> 啊！微风吹动了我头发，

教我如何不想她。

月光恋爱着海洋，
海洋恋爱着月光，
啊！这般蜜也似的银夜，
教我如何不想她。

水面落花慢慢流，
水底鱼儿慢慢游，
啊！燕子，你说些什么话？
教我如何不想她。

枯叶在冷风里摇，
野火在暮色中烧，
啊！西天还有些儿彩霞，
教我如何不想她。

赵元任与刘半农相识于一九二四年，从此结为好友。赵元任为《教我如何不想她》谱曲的时间，《音乐欣赏手册》等书籍介绍为一九二六年，初刊于一九二八年出版的《新诗歌集》。但据《父亲刘半农》记载，一九二五年七月，他们回国之前，在巴黎赵家，"赵伯伯坐在钢琴前面弹起了我们大家所熟悉而喜欢听的歌《教我如何不想她》"。如果作者记得不错，那么这首歌一九二五年就已经诞生了。时隔五十多年后，赵元任先生谈到这首歌时说道：可以理解为一首爱情歌曲，但"他"可以是男的"他"，也可以是女的"她"，也可以代表着一切心爱的他、她、它。这是因为歌词是诗人刘半农当年在英国伦敦时写的，有思念祖国和念旧之意。音乐学家廖辅叔先生认为，这首歌的创作达到了水乳交融的地步，是五四以来最受欢迎的歌曲之一，起着主题作用的"教我如何不想她"，采用了京剧西皮原板的腔调，而又略加变化。据说，赵元任先生经常演唱这首歌，还录过唱片，只惜我辈没有这个耳福了。

半农先生的"浅"，是招致过截然不同的议论的，有人批评他的为人，是：浅。鲁迅在《忆刘半农君》中说："不错，半农确是浅。但他的浅，却如一条清溪，澄澈见底，纵有多少沉渣和腐草，也不掩其大体的清。倘使装的是烂泥，一时就看不出它的深浅来了；如果是烂泥的深渊呢，那就更不如浅一点的好。"看这文字，鲁迅是很替半农说话的，但这不长的文章里，也有他对半农的指责——"几乎有一年多，他没有消失掉从上海带来的才子必有'红袖添香夜读书'的艳福的思想，好容易才给我们骂掉了。"这艳福有何所指？我不懂。又曰："近几年，半农渐渐地据了要津……又看见他不断的作打油诗，弄烂古文。"查刘半农年谱，他最后三年的职务始终未超出北京大学的范围，无非是：教授，教授代表。校外的兼职均已辞去，就是说，已远离了要津，不知为何给鲁迅留下这么不好的印象。当然，文章不这样写，也就不是鲁迅了——"我爱十年前的半农，而憎恶他的近几年。"这是半农留在鲁迅印象中的终论。而鲁迅对半农近几年的憎恶却因"做打油诗，弄烂古文"的新典，增加了外人对半农印象的模糊程度。

此文还提到半农标点《何典》时，鲁迅"以老朋友自居，在序文上说了几句老实话。事后，才知道半农颇不高兴了"。为何不高兴？没有详说；《何典》是什么书？我也没看过，于是又翻开了《鲁迅全集》，这才知道，鲁迅为这《何典》竟在一天时间里写了两篇文章。《何典》是一部运用俗谚写成的、带有讽刺而流于油滑的章回体小说，共十回，清光绪四年（一八七八年）上海申报馆出版。一九二六年刘半农将此书标点重印，题记为鲁迅所作。这让我联想到后来很风靡的另一部长篇小说，作者的名气甚大，小说则至少也带有油滑的痕迹，但却在发表几十年后忽然被捧上了天。仍说《何典》。鲁迅的那篇题记（也就是他自己说的序文）写于一九二六年五月二十五日，当夜，他又写了篇《为半农题记〈何典〉后，作》，显然是言犹未尽。那时，他是很站在半农一边的，虽说仍嫌"半农的士大夫气似乎还太多"，但对文士之徒攻击大学教授"竟堕落至于斯"，他是明确表示了自己的"凄然"的。引述这些往事，不是要说鲁迅的如何，我是想借此提到刘半农这个大教授后来为赛金花作传的事。

此事动议于一九三三年冬，次年初，刘半农率学生商鸿逵等人采访了赛金花十来次。半农日记中载："自下星期起，每星期一、三、五下午四时后，请其到颖孙（荪）处述说一生故事，备编写成书。（一九三四年一月二十七日）""请其自书赛金花本事五字，为异日书检之用。（一月三十一日）""常维钧言，有一旧藏赛金花妙龄时照片，愿见赠，甚可喜。（四月三日）""到市场，买得赛金花二十余岁时炭画像一张。（五月三日）""下午顾颉刚、卜晨光、吴文藻夫妇及一美国新闻记者来谈，即与同往天桥北居仁里十六号看赛金花。陋巷湫居，几至无可小坐。四十年前，有谁能料美人末路将至于斯也。（五月四日）"据说，传记的体例、章节、插图等均有考虑，因赛金花本人不愿讲述一些关键问题，致使未能按设想完成。几个月后，刘半农病逝，商鸿逵先生根据采访记录撰写的《赛金花本事》于当年十一月出版，标为"刘半农初纂，商鸿逵纂就"。在鲁迅眼里,此举是否要比"做打油诗"的性质更可"憎恶"呢?

出版《赛金花本事》的北平星云堂书店与刘半农交情不浅。《半农杂文》一书的面世,书店主人刘敏斋该是一个主要的促成者。其中的细节,《半农杂文》自序里已有描述:一九三二年秋,刘敏斋又来和刘半农商量出书的事,那时半农正苦于中秋购书欠款无法补足,他说:要是你能先垫付些版税,我就遵命办理。刘敏斋很慷慨地马上答应了。这答应,不仅促成了一本书,还导致了《自序》这篇妙文的诞生。这是篇很见性格、个性的文章,半农的真,率直,心口如一,作文的观念,都有淋漓的体现。他说:以手写口,心手相应,实在是做文章的第一个条件。又说:时代中既容留得一个我在,则我性虽与时代性稍有出入,也不妨保留,借以集成时代之伟大。

我没看过初版的《半农杂文》,为写这篇文字而找到的半农文集,已非当年面貌,有篇题为《北大河》的文章,颇有可回味玩味之处。那是他为《北京大学三十一周年纪念刊》所作,提到老北大三院面前的那条河。他说:"你若要在北京城里,找到一点带有民间色彩的,带有江南风趣的水,就只有三院前面的那条河。什刹海虽然很好,可已在后门外面了。"他对这河的感情还有一原因:"那时同胡适之,正起劲做白话诗。在这一条河上,彼此都嗡过了好几首。"他知道河边的西河沿历史上曾是漕运的终点,十多年来他眼见河面日见其窄,河身日见其高,水量日见其少,有水的部分日见其短。他预言再过十多年这河一定会化为平地,为此,他呼吁将这条河定名为北大河,让北大人来治河、护河、植树,造成一条绿水涟漪、垂杨飘拂的北大河。这想法,与今日我们所做的重修皇城遗址公园,是不是有些隔代相望的吻合呢？

即便有些吻合，我辈、后辈也不可能再见到那条河了。

我知道北大那个圆形的校徽是鲁迅设计的，我看到刘半农在《三十五年过去了!》一文中面对国难当头时感到："北大"两个篆文，外面一道圈子，活活一个愁眉苦脸。他写道："我以为这愁眉苦脸的校徽，正在指示我们应取的态度，应走的道路。我们唯有在愁眉苦脸中生活着，唯有在愁眉苦脸中咬紧了牙齿苦干着，在愁眉苦脸中用沉着强毅的精神挣扎着，然后才可以找到一条光明的路。"

生活着，苦干着，挣扎着。刘半农表述这番意愿时，距他的生命终点只有一步之遥了。

一九三四年六月十九日，刘半农自西直门火车站离开北平，赴内蒙古、山西一带考察方言和民间风俗，染回归热（传染病）后返，未得及时治疗，于七月十四日病逝，年仅四十四岁。

十月十四日，北平学术界追悼刘半农先生大会，计有五百余人参加，会上演唱了音乐家李抱忱所作的《悼刘半农先生哀歌》，刘半农词、赵元任谱曲的《织布》和《听雨》。据《父亲刘半农》所述，悬挂在会场内外的挽联、挽幛约有三百件。此书摘录了很少一部分，其中几副挽联我愿转录于下。

胡适：守常惨死，独秀幽囚，新青年旧日同伙又少一个

拼命精神，打油风趣，老朋友当中无人不念半农

适之先生的念旧，显然与鲁迅有别，挽半农，兼思李大钊和陈独秀，更怀念大家当年一起创办的《新青年》杂志。对半农的打油诗，看来他是基本肯定的。

赛金花（署名魏赵灵飞）：

君是帝旁星宿，下扫浊世秕糠，又腾身骑龙云汉
侬乃江上琵琶，还惹后人挥泪，谨拜手司马文章

其注云：不佞命途崎岖，金粉铁血中几阅沧桑，巾帼须眉，愧不敢当，而于国难时艰，亦曾乘机自效，时贤多能道之。半农先生，为海内文豪，偶为不佞传轶，其高足商鸿逵君助之，未脱稿而先生溘逝，然此作必完成商君之手。临挽曷胜悲感。魏赵灵飞拜挽。

赵元任：十载凑双簧，无词今后难成曲
　　　　　数人弱一个，教我如何不想他

亡友吴方（我在《文艺研究》编辑部工作时的同事）《"我"与时代》一文中说，双簧，指刘半农与钱玄同在《新青年》上的那次默契合作。我以为未必是这样；赵、刘相识至此，整十年，词曲搭档，乃双簧。吴方文中将"无词"写为"无调"，也属笔误，或抄误，排误。这副挽联，在我看来，堪称"绝对"。

蔡先生为刘半农写的墓铭中没有提到《教我如何不想她》，我以为是莫大的缺憾。唱起这首歌时，我总会想到它的词曲作者，这么美的词，这么好的歌，教我如何不想他！

　　　　　　　　二〇〇二年二月二十四日　香山归来改定

附：刘半农碑铭

绍兴蔡元培撰文
余杭章炳麟篆额
吴兴钱玄同书丹

刘君讳复，号半农，江苏省江阴县人，民国纪元前二十一年五月二十七日生。四岁受父教识字，六岁就傅，能为诗，十三岁进翰墨林小学，十七岁进常州府中学。武昌义军起，君辍学参加革命运动。中华民国元年君在上海任中华新报特约编辑员及中华书局编辑员。五年以后常为文发表于《新青年》杂志。六年，任国立北京大学预科教授，益与《新青年》诸作者尽力于文学之革新，著有《我之文学改良观》《诗与小说精神上之革新》等文，及《扬鞭》《瓦釜》等诗集。君所为诗文均以浅显词句达复杂思想，于精锐之中富诙谐之趣，使读者不能释手。然君不以此自足，决游学欧洲。九年，赴英吉利，进伦敦大学之大学院。十年，赴法兰西，入巴黎大学，兼在法兰西学院听讲，专研语音学。十四年，提出《汉语字声实验录》及《国语运动史》两论文。应法兰西国家文学博士试，受学位，被推为巴黎语言学会会员，受法兰西学院伏尔内语言学专奖。回国，返北京大学任中国文学系教授，兼研究所国学门导师，计划语音乐律实验室。二十年，任北京大学文学院研究教授。君于是研制刘氏音鼓甲、乙两种，乙二声调推断尺。四声摹拟器，审音鉴鼓准，以助语音乐律之实验。作调查中国方言音标总表，以收蓄各地方音，为蓄音库之准备。仿汉日晷仪理意，制新日晷仪。草编纂《中国大字典》计划。参加西北科学考察团任整理在居延海发现之汉文简牍。虽未能一一完成，然君尽瘁于科学之成绩已昭然可略。而君仍不懈于文艺之述造，如《半农杂文》及其他笔记调查录等，所著凡数十册，旁及书法、摄影术，无不粹美，可谓有兼人之才者矣。君于二十三年六月赴绥远考察方言及声调，染回归热症，返北平，七月十四日卒，年四十有四。妻朱惠，长女育厚，男育伦，次女育敦，葬君于北平西郊玉皇顶南岗。铭曰：朴学隽文同时并进，朋辈多才如君实仅，甫及中年身为学殉，嗣音有人流风无尽。中华民国二十五年。

刘天华：良宵苦短 人亡琴歌

从刘半农墓地往正前方走出数十米，就是刘天华的墓地。兄弟二人的墓都是一九八九年重修的，但墓的制式却有所不同。刘天华的墓地四四方方，供桌居中，两层花岗岩的墓，墓的后方才是墓碑。这制式与旁边不远处祁耿寰烈士的墓类似，我在凭吊刘氏兄弟墓时，也顺便过去看了那位烈士的墓，碑上的字是国民党元老于右任题写的，撰写碑文的商震先生是又一位元老，书写碑文的柏文蔚则是一员虎将。倒斜的墓碑上还有后写上去的一行小字："祁君追随孙中山先生，是孙先生参军之一。"八宝山里多为这种样式的坟墓，个别的是墓碑在前，我不知道这种区别有什么各自的讲究。

刘天华的墓碑上写的是：故音乐大师刘天华先生夫人之墓　胡先炜题

又有两行字，曰：中国音乐家协会　吕骥题　一九八九年元月重建

墓碑石料呈暗紫色，说不清种类，只觉得做墓碑未必合适。背面的碑文是齐如山撰，杨仲子书。坦率地

讲，杨氏的书法别具一格，字我认不全，因而无法通读碑文。大致读来，可知齐如山与刘氏兄弟关系密切，梅兰芳访美演出之前，在齐如山的促成下，由刘天华为之编辑了五线谱的歌曲谱，刘氏兄弟在书中均有序文。齐如山学富五车，著作等身，一九六二年以八十七岁高龄在台湾辞世。他与刘氏兄弟自何时开始交往，我尚未查到有关记录，能为亡者做墓表，可见交情匪浅。但仅此一篇墓表，于我这种专程拜谒者来说，实在过于简单，别的不说，连刘天华的生卒年代都没有交代，难怪那些途经此地的人只是大概看看就走了。或许有人会回敬我：你要是想多了解什么，可以去江阴的纪念馆嘛。不错，我还可以查《辞海》，翻教科书，坐在家里就什么都知道了。然而，这样一位走在民族音乐改良前列的大师，其墓地虽然未在文物保护范围之列，做一点铭示的标记，还是有必要的吧？京城许多胡同、街道的路口都增设了铭牌，为什么对自己民族的文化先驱者不做点宣传呢？所谓香山，受了清代哪位皇帝的影响，已有公园和非公园的区别，但还缺少一个大香山的文化概念，这残缺的文化，映在刘氏兄弟的墓地，就显出了它的尴尬。

刘天华生于一八九五年，卒于一九三二年，仅仅活到三十七岁。一九二二年起，他在北京大学音乐传习所、北京女子高等师范学校音乐科和北京艺术专门学校任教。一九二七年创立国乐改进社，创作了十首二胡独奏曲和四十七首二胡练习曲，三首琵琶曲和十五首琵琶练习曲；对二胡演奏技巧进行了全面改革，融会了其他民族乐器和西洋乐器的一些演奏手法，为我国高等艺术学府二胡专业教学体系的建立、二胡专业创作和演奏，奠定了基础。刘天华与华彦钧堪称二胡历史上的两位巨人，他们的区别，在于分别从文人（学府）和民间两个

刘天华墓

层面开辟了二胡发展的道路。以二胡教学而成最高学府教授者，刘天华应该是第一人。

我最近一次接触刘天华的二胡作品，是在南京，二〇〇二年一月，江苏省文联举办了一次声势浩大的二胡演奏会。在这次活动中，刘天华的艺术地位再次得到了肯定和张扬。两套曲目以刘天华的《光明行》开场，其间还有他的《良宵》和《月夜》。刘天华的二胡作品，我最喜欢、最偏爱的是《良宵》，黄贻钧先生改编的同名弦乐曲我也喜欢，这首改编的作品现在已经成了交响音乐会上经常能听到的返场曲目。刘天华的学生金式斌曾撰文谈过《良宵》的创作过程。那是一九二八年的除夕，五个学生聚在离北京大学不远的老师家过年，屋里，几盆梅花和香橼开得挺拔有姿。吃过晚饭，喝着甜酒，听着唱片，间或有随意的演奏，刘天华忽道：好久没作谱了，想作一小小的二胡谱，做今天快乐的记写。他边哼边写，很快就写出了这首乐曲。凌晨三点，几个学生沿着景山东街踏雪走回宿舍，边走边哼着这首乐曲。金式斌说：它不像《月夜》和《病中吟》，在缠绵委婉的地方着力；不像《空山鸟语》，模仿自然的声音；《苦闷之讴》和《悲歌》表示烦闷，也不像；只是一个短小精悍的带轻快意味的小曲集。我觉得《良宵》虽是小曲，有的乐句却很长，像是有很多话要说，改编后的弦乐曲更强调了这一点，所以听来并没有"小"的感觉。

《病中吟》是刘天华的二胡处女作，创作于一九一五年，那年他二十岁，失业、丧父、贫困等厄运接踵而来，病中拉二胡也被邻居视为不务正业。走投无路的痛苦，逆境中的挣扎，化成一曲《病中吟》。呻吟中有抗争，痛苦中有期待。此曲曾名《胡适》，意思是人生向何处去，因与胡适先生重名，又改为《安适》，怕被误解为安逸，最后定名《病中吟》。刘天华很喜欢这个曲名，或者说，他认为这个曲名概括了他的艺术追求，后来，他送给友人一部自己的二胡独奏谱集，题写的名字就叫《病中吟集》。

关于二胡这件乐器，刘天华谈过这样的观点："有人以为胡琴上的音乐，大都粗鄙淫荡，不足登大雅之堂。此诚不明音乐之论。要知音乐的粗鄙与高雅，全在演奏者的思想与技术及乐曲的组织，故同一乐器之上，七情俱能表现，胡琴又何能例外？"

如果仅只看到刘天华在二胡创作方面的成就，还远不足以概括这位民族音乐的先驱者。前面提到的江苏二胡盛会上，闵惠芬的发言是以复述刘天华的观点为重点的。那是刘天华《国乐改进缘起》中的一段话："一国的文化，也断然不是些抄袭别人的皮毛就可以算数的。反过来说，也不是死守老法，固执己见，就可以算数的。必须一方面采取本国固有的精粹，一方面容纳外来的潮流，从东西的调和与合作之中，打出一条新路来，然后才能说得到进步这两个字。"

知刘天华者，莫过其兄。刘天华去世后，刘半农所写的《书亡弟天华遗影后》，以准确的概括，总结了其人的一生。半农曰："世有作民国初年乐人传者乎，当有采于斯文。"此说不谬。因兄弟二人虽各有专业，习性却相距不远。刘半农既倡导又身体力行地收集民谣、民歌、俗曲，有人说他是在建一个"蓄音库"。刘天华也收集民歌及各种古今音乐、戏曲、佛曲的曲谱，两人的爱好庶几近之。刘半农自海外归来，带给刘天华的是一把小提琴，刘天华二十八岁开始学小提琴，若不是病逝，他是有计划要开小提琴演奏会的。但就是在天桥收集民歌时，他染上了猩红热，一病月余，最后无奈地对妻子说了句"我只好拆个烂污走了"（不负责任、不顾一切地走了）。

"心虚功苦，此才不易得；人亡琴歌，天道果无知。"胡适的挽联充满感叹。

"体格过人，毅力过人，乃缺年寿；为家门哭，为艺术哭，摧我肝肠。"刘半农的挽联弟死兄悲——仅仅过了两年，刘半农也随刘天华而去了。香山玉皇顶上兄弟坡，矗起了刘氏兄弟二人的坟墓。

他们的弟弟刘北茂，一九二七年毕业于燕京大学英国文学专业，先后在数所大学教授英语。在刘半农的鼓励下，为继承二哥"改进国乐"的遗志，他放弃了自己的专业，受业于刘天华的名弟子蒋风之先生门下，一九四二年成为重庆国立音乐院的二胡教授，且以二胡教学、演奏和创作终其一生，一九八一年去世。小他五岁的蒋风之也是桃李满天下，其后人和弟子中都有优秀的二胡演奏家。他一九八六年去世，和刘北茂一样，两人都是享年七十八岁。蒋先生的墓地在香山附近的万安公墓，他的在天之灵或许也是追随他的老师去了。

人亡琴歌。聚在天堂的人们，也会听到这留传亦流传于世间的琴声吧？

二〇〇二年三月三日深夜，记于万安公墓归来

二〇〇三年二月三日补记：

文章写罢，觉未尽意，意如何乎，不甚清楚。一年来，我心中总放不下这个题目。

与上海音乐学院教授戴鹏海先生探讨相关话题，偶闻其十数年前曾作《刘天华传》，约十五万字。我想拜读，或助戴先生寻一出版社。他不肯随意取出示人，哪怕是像我这样关系较近的人，说是旧作，如果拿出去，一定要修改一遍的。

此语此意，对我做墓地文化这个专题研究来说，也是个警醒。

最近看了南京电影制片厂拍摄的电影《刘天华》。陈军饰演刘天华，在琴技上确无问题，江南味道也有一些，只是形象与刘天华相去太远。某些细节的不真，如《除夕小唱》那段，竟有十数人聚在刘家，怕是只为电影的视觉效果考虑了。

江阴的刘氏兄弟纪念馆，我还未去过。

癸未年正月初一，家人同我去爬山。为了锻炼身体，为了让儿子看看山上的这两座墓，为了订正一遍我拍了照片却仍未全部记下来的碑文。

旼儿可以大致念出碑文的主要内容了，念不准的地方还要求家长指点。

即便这样，仍有认不得的字。

儿子的感叹是：这么难走的路，当年怎么上来修墓啊？

那地方，是香山二环路的一个转弯处，我们顺着所谓的二环路下山，最后走进了香山植物园旁的滑雪场。

抄回来的碑文，未在出版物中读过，齐如山先生该有文集存世，但不知何处去寻，故附于后，且按个人理解断句。

刘君天华墓表

刘君天华既卒之三年，其嫠以表墓之文为属。余与君及其伯兄半农皆相好也，乃不二岁先后谢世，怆念畴音，宛在心目，其敢以不文辞。君朴讷沉潜，与兄半农幼共学，长相依，质疑问，难自为，师友怡怡如也。君性与乐近，嗜之既笃，锲而不舍于斯，学遂无所不通。民国六年，半农既主讲国立北京大学。闻誉日起，君旋亦北来，执教诸校中。获缔交于杨仲子、溥侗等。所学益猛进，中西兼擅，理艺并长。常谓国乐西乐方域虽殊，理趣不二，思有以融会而贯通之。君最精琵琶二胡，于小提琴亦戛戛独造，每奏一曲，四座倾听，虽欧美音乐专家，亦叹为得未曾有。君时年志英壮，以为继往开来，匪异人任而孰知，乃止于是耶？往岁梅畹华将游美，余以其歌词涴君为制五线之谱，移宫换羽，昕夕忘倦，阅七八月乃成，即世传梅兰芳歌曲谱是。今天华往矣，徒留此音声于天壤间，供人低回歌哭于无穷也，可不悲哉！君挺生于国乐衰微之日，冥心孤往究其音律，以兴废继绝为己任，年未四十，中道殒落，人能弘道，无如命何。今而复合中西之乐一其涂辙，以继述君之志业者，将谁属耶？君殁，半农哭之，恸为之董理遗作，而梓行之未二年，遘疾亦卒，与君同日葬焉，两墓相去数步耳。呜呼，可伤也已。以君兄弟积学累行，宜可大竟厥施为吾道光，而皆不克有年，所谓天道果难知耶。虽然薪尽而火传，君之作既大行于世，以视世之独倡而忧无昧者，又何如也。杨君仲子既志其墓，余撮其学谊之著者揭于其阡，以讯后人。其世次居里卒葬年月具于杨志，不复载云。高阳齐如山表，金陵杨仲子书丹。

（注：杨仲子，国立北平女子文理学院音乐系主任）

二〇一二年二月二十九日再记：

去年清明期间，我去了江阴，因为有人约我去品尝河豚。车在市区行驶，忽然看到刘氏兄弟纪念馆，停下来想进去拜谒，惜时已晚，纪念馆大门紧闭。次日返沪之前，特意绕到这里，门大开，不需购票（二十七日刚去过无锡的阿炳纪念馆，门票十元）。馆名由朱穆之题写，他是江阴人，刘家的亲戚，曾任新华通讯社社长。纪念馆是刘氏三兄弟的旧居，均按当年生活样式布置。其地理位置是今天江阴的商业繁华区，然修路铺街时，有意保留了这处名人故居及故居后面的一小片地方，修葺而成今日的纪念馆和一个小小的音乐广场，宛若大马路中间的安全岛。馆内参观者不多，只有一位管理人员，似近退休的年龄，正与一位年龄差不多的参观者聊天，话题忽远忽近，议论兼带牢骚。我在馆里买了一张介绍刘半农的光盘，以期对其有更多的了解。小小的音乐广场，在设计和修建上下功夫却不小，有园林味道，有音乐特征，然也没有几多游人。这一安全岛，与周边的喧哗反差极大，无论如何，是家乡后人对刘氏三兄弟的一份纪念。

后知此纪念馆为江阴博物馆所辖，博物馆里，刘氏兄弟的藏品相对多些，也曾集中展出过，但似未考虑汇集出版。

弘一大师 法雨希声

二十世纪八十年代初年，还在大学读书的我，曾携女友去杭州虎跑，为的是品茶。不知山上的竹林有多深，未敢贸然登山。二〇〇一年五月与女导演陈蔚、女演员章小敏等再游虎跑，已无心品茶，雨中钻山，为的是探访弘一大师的灵骨塔。

进虎跑大门后，有示意图，还可以配备导游，这都是二十年前所未有的。我记准了方位，舍弃了导游，走到半山，先见到了启功先生题字的李叔同纪念馆。馆内正中有一尊弘一大师全身塑像，上面的匾额是弘一大师的手迹"以戒为师"。陈列在馆中的主要是弘一大师的书法和篆刻作品、生活用品及相关的图片。难得的是书法作品之多（且不论真迹还是复制），使纪念馆兼具了书法博物馆的色彩，而书法作品恰恰是认识弘一大师的一个重要视角。弘一从未自称书法家，只说过"我会写字"，但他的书法的确可以毫无逊色地列入中国现代书法名家的行列。叶圣陶先生的评价是：全面调和；蕴藉有味。追随大师习书的黄福海先生认为弘一的书法

弘一大师墓

"敛神藏锋,古拙平整,笔力凝聚于毫端,字字珠玑,含雅淡静远的韵致"。弘一门生刘质平曰:"师之书法,乃学问、道德、环境、艺术多方面之结晶。晚年作品,已臻超然境界,绝无尘俗气。"赵朴初先生则指出:"大师出家后,诸艺俱舍,唯书法不废。以书画名家而为出世高僧,复以翰墨因缘为弘法接引资粮,成熟有情,严净佛土,功臣利薄,泽润无疆,岂仅艺事超绝,笔精墨妙而已哉。"援引诸家高论,自难再述己见,然还想说一句:大师书法中,对我影响最大的是他的绝笔"悲欣交集",此四字堪称弘一毕生的概括,字字可赏,读字亦如读人。于我来说,不能不肃然;替大师着想,却该是释然。

纪念馆的侧面,是悬有"弘一精舍"匾的三间厢房,布置成了当年李叔同到此断食时的环境。一具蜡像人物坐在书房里的书桌后面,做读经状,乍一看去,确有几分形似。

纪念馆后面有小径通山腰,途中转弯处,一棵枝叶繁茂的大树横在头顶,陡生险意,令人一惊,很快也就恢复了平静。再一个弯转上去,就看到大师的灵骨塔了。近处有虎跑文物保护所竖立的一块说明碑,写道:弘一大师(1880—1942),俗名李叔同。一九四二年于福建泉州圆寂,并在泉州清源山建灵骨塔。一九五三年在纪念大师逝世十周年之际,丰子恺因大师出家于虎跑寺,灵骨自泉州请来杭州后,埋在虎跑后山半山中,毫无碑记,乃约旧友钱君匋、叶圣陶等集资修建"弘一大师舍利塔",塔铭为马一浮手书,次年一月正式落成。该舍利塔一九八八年由杭州市人民政府公布为市级文物保护单位。

据柯文辉先生著《旷世凡夫——弘一大师传》载,

一九四八年，旅菲律宾华侨刘胜觉将大师部分遗骨从泉州运至上海。刘质平、林子青陪同送至西湖招贤寺，由弘伞法师保管。一九五四年丰子恺、叶圣陶、钱君匋等在虎跑定慧寺建大师灵骨塔，广洽法师募集净资扩建。马一浮题塔名，并作礼塔诗：

> 扶律谈常尽一生，涅槃无相更无名。
> 昔年亲见披衣地，此日空余绕塔行。
> 石上流泉皆法雨，岩前露滴是希声。
> 老夫共饱伊蒲馔，多愧人无献食情。

某年我去厦门出差，特意在泉州逗留了一夜。清源山弥陀岩的弘一大师塔我去拜谒过，只是从旅游者的角度，多看了几眼，拍了照片，那时对弘一实在说不出一二。后来受亡友吴方一篇文章启发，按图索骥，辗转借到台湾陈慧剑居士的《弘一大师传》，读来竟难释手。自此开始留意各种版本的弘一传记，亦反复诵读弘一的诗文言论。一九九一年冬，在南京栖霞山古寺买到了这本书的大陆版。我向朋友推荐过这本书，也知道有人不满于以这种小说手法写弘一。渐渐地我方有所悟：当年李叔同以留学日本、扮女角主演《茶花女》、引进西洋音乐和话剧、与文人墨客及青楼女子诗书乐酒交往、作曲、教书等等经历，突然到虎跑断食，继而遁入空门，终成佛学大师，人们百思不解、或答案各不相同的正是这个骤然出现的转变过程。弘一身后，直至今天，人们对此举的看法仍未统一，也无法统一。试问自己：你能说清吗？断然不能，但我心中确已存在着一个我所景仰的弘一。于是，遇有愿意谈这个话题的人，我每每要饶舌多言几句。

二〇〇一年元旦次日，泉州歌剧团团长、作曲家杨双智在京邀宴三五友人。席间谈到泉州十余年所作歌剧皆本土题材，沿此思路还能再搞点什么。有人说到郑成功，我忽而想到了弘一，立即阐述理由，极力希望对方立项。未料，竟遭在场某君质问：你为什么不写这个剧本？听你念叨这个题材也有两年了！这真是友善而不无挑战意味的质问，问得好！为何不尝试一下，试试弘一大师在我心头的分量有多重呢？

坦率地讲，杭州之行我是带着体验生活的"任务"去的，虽然我不可能效仿李叔同的断食之举，但我一定要到虎跑定慧寺去，正式拜一拜大师。如果说，天津是李叔同的生命起点，泉州是弘一大师的生命终点，那么，虎跑无疑是从李叔同到弘一之间一个关键的转折点。

好心的长者柯公说，这个题材没有戏剧悬念，结果众人皆知，不好写；还说，虎跑出家那一段，你要是能写清楚人物的心理脉络，这戏就成了大半。

为了我们制作的小剧场歌剧《再别康桥》，我与我的合作者此行还计划要去海宁硖石镇看一看诗人徐志摩的墓。因有公务，我提前返京，未看到徐墓，倒是在去虎跑那天顺路看了京剧艺人盖叫天墓。从盖叫天墓到虎跑，乘出租车的路途不算远，到虎跑时已下起了大雨。我们在雨中背诵着弘一大师留下的偈语：君子之交，其淡如水。执象而求，咫尺千里。问余何适，廓尔亡言。华枝春满，天心月圆。

六角形的灵骨塔，被雨淋湿，被雨洗濯。洗净了，也淋旧了。不知雨中是否有竹笋破土而出。无声的片刻，马一浮先生的诗句浮上心头：石上流泉皆法雨，岩前露滴是希声。

二〇〇一年八月秋高日

徐志摩：海宁神交

二〇〇一年五月，我等数人南下江浙，此行日程之一是要去海宁县硖石镇为徐志摩扫墓。从上海开往杭州的火车，在海宁停车三分钟。因为计划中有杭州朋友陪我们专赴海宁，所以没有在此下车。停车那片刻，我到站台上张望了一下，"这是硖石吗？"我问列车员。"这里就是硖石。"列车员肯定地点点头。那个片刻，我满脑子想的都是徐志摩，生于斯又葬于斯的徐志摩。犹记深记一九三五年十一月十九日，徐志摩忌日这天，他的挚友林徽因女士写了一篇《纪念志摩去世四周年》，文章传递出她对此地此人的怀念：

去年今日我意外地由浙南路过你的家乡，在昏沉的夜色里我独立火车门外，凝望着那幽暗的站台，默默地回忆许多不相连续的过往残片，直到生和死间居然幻成一片模糊，人生和火车似的蜿蜒一串疑问在苍茫间奔驰……如果那时我的眼泪曾不住地溢出睫外，我知道你定会原谅我的。

徐志摩墓

林徽因下面的文字就由伤感转入沉重了,虽然沉重之后稍稍理智了一些。伤感于志摩之死是在所难免的,任何一个对志摩的横溢才华予以认定的人,都会为他的意外死亡感到伤悲。几十年过去了,我辈谈到诗人徐志摩的死,死在三十六岁的大好年华时,仍免不了伤感,何况林徽因乎?

一九三一年十一月十九日,徐志摩搭乘"济南号"邮机由南京飞赴北平途中,遇雾,坠机身亡。次年春,安葬于硖石东山万石窝,胡适题词于墓上。一九四六年立碑,同乡书法家张宗祥书"诗人徐志摩之墓"。"文革"期间被毁。一九八三年重建于硖石西山白水泉旁,其子徐德生墓邻于一侧。墓与碑在造型上无甚特殊处,唯有特点的是,墓前台阶两旁的土坡上,各倚着一册翻开的石书。左侧石书上,刻着徐志摩《偶然》一诗中的几句:

我是天空里的一片云
偶尔投影在你的波心
  你不必讶异
  更无须欢喜
在转瞬间消灭了踪影

右侧石书上,刻的是《再别康桥》的第一段:

轻轻的我走了
  正如我轻轻的来
我轻轻的招手
  作别西天的云彩

墓与碑虽然都是立体的，因其简括而流于概念化了；这两册石书，因刻在上面的诗句，而使这墓地在我们的概念中重又变得立体化了。选录这两段诗，似无可非议，然而若是我来挑选，仍须出自这两首诗，我会选择其中的另外两段。《偶然》只取两句：

　　你记得也好
　　最好你忘掉

《再别康桥》要选的则是最后一段：

　　悄悄的我走了
　　　正如我悄悄的来
　　我挥一挥衣袖
　　　不带走一片云彩

这"不带走一片云彩"，多么潇洒，又多么超脱，也许俗语所说的"生不带来，死不带去"就是这个意思，只是没有这么诗意吧。志摩的诗文，都留在了人间，留在他的身后，任由后人赞赏或诋毁，日久天长，渐渐显出珍珠般的异彩。这么出类拔萃而个性鲜明的诗文，你怎能不记得，怎么会忘掉呢？

其实，志摩本身就是一片云彩。胡适说：他是一片最可爱的云彩，永远是温暖的颜色，永远是美的花样，永远是可爱。这片云彩被狂风吹走了，在我们精神世界的波心中，却永远回荡着它的投影。

小剧场歌剧《再别康桥》这部戏首演一年后，我才有机会来到志摩的故乡海宁，到志摩的墓前静静地伫立片刻。

硖石镇不大，西山不高，进了西山公园，很容易就能找到志摩的墓——邻近志摩墓且需拐弯处，有一个小小的标志，那是一块半人高的湖石，竖书"徐志摩墓"四字，漆成红色，底下是个尖头朝下的三角形。沿箭头指向往下走，可以一直走到志摩墓前。

墓是二十世纪八十年代中期重建，近二十年光阴，已染上风雨侵蚀的痕迹。碑则是旧墓上唯一的遗存，人为破坏的痕迹，也依稀可见。

徐志摩旧墓建在海宁硖石镇的东山万石窝，据说硖石这个地名的由来就与这东、西二山有关。两山之间，距离不过数百米，徐志摩与陆小曼婚后住过的新居（现已辟为徐志摩故居纪念馆）恰与两山构成一个三角形，在他家二层楼的后阳台上，可以尽览两山景色。那时的硖石，大概不会有什么遮挡视线的楼房。但那时的志摩肯定不会想到，家乡的东山、西山都将成为他的葬身之地。

志摩遇难失事是在一九三一年十一月十九日。十二月六日，北平召开追悼会。同月二十日，上海举行公祭。随后，志摩的棺椁运至海宁，一九三二年春入葬。十余年间，志摩的墓都没有墓碑，只有胡适手书的字摹写在墓墙上。志摩的父亲徐申如老先生请志摩的好友凌叔华女士撰写碑文，得到凌叔华所书五字——"冷月伴诗魂"。刻有此字的石碑立于墓旁。一九四六年，徐申如先生去世，他的墓选定在志摩墓的上首。借为之安葬的机会，徐家请海宁颇有名望的学者张宗祥先生题写了"诗人徐志摩之墓"，并制作了墓碑。

志摩的前妻张幼仪与志摩离婚后，志摩父亲认她做了义女，两代人的葬礼她都参加了。一九三三年，陆小曼专程到硖石为亡夫志摩上坟，归去后写有一诗：

> 肠断人琴感未消，此心久已寄云峤。
> 年来更识荒寒味，写到湖山总寂寥。

从诗中能看出志摩的死对她的打击之大，"写到湖山"显然是作画，是小曼日常的兴趣所在之一，其实那时小曼已在着手编辑《志摩全集》了。

二十世纪四十年代末，志摩的长子徐积锴远赴美国，作为志摩表妹夫的陈从周唯恐照片日久失色，特请画家胡亚光画了一幅志摩的头像，又请张大千补画了衣裾并题"诗人徐志摩遗像"，让徐积锴带走了这幅画。此画照片多次在海外发表，国内则罕见。二〇〇三年四月，我到与海宁相邻的海盐县南北湖游览，在湖畔的陈从周艺术馆初次看到此画照片的复制品。此画特点一是传神，二是看不出两位画家之间的沟壑，三是衣纹线条生动。窃以为志摩故居纪念馆应当复制一件展出。

东山的志摩墓没有躲过六十年代中期那次"大革命"，起因是硖石乡民误传志摩的遗体无头，以金头代之，接下来自然就是掘墓了。眼见为实，金头之说纯属无稽之谈，毁掉的墓却无人再去关心了。墓碑是东山中学教师许逸云一九八一年在小河边寻到的，有残迹，也已有三十五年的历史了。一九八三年，在海宁县政府的支持下，志摩墓重建于西山白水泉边，紧邻志摩二子徐德生墓，墓前矗立的仍是这方有历史价值的墓碑。墓中已无他物可葬，只得选了一块庐山金星石，刻上了陈从周撰、蒋启霆书的墓主生卒年月，安葬及迁葬时间。对"迁葬"之说，我小有看法，严格讲，这是重建，不是"迁"。

二〇〇三年春，我在海宁逗留月余，大部分时间住在华联大酒店。酒店靠近西山，我执意选了一间北向的房间，为的是放眼即见西山，可与志摩神交。工作之暇，我特意去了一次东山，入眼的是漫山遍野的坟墓，墓碑上所标的年月，上限均不超过八十年代，也就是说，短短二十年间，东山几乎变成了一座坟岗。我不知万石窝在哪里，只见上山的路口，有一块醒目的牌子，通知所有的坟墓家人，这里要改造成森林公园，现有坟墓必须限期迁出。这意味着志摩的旧墓即便当年未掘，此次也要动一动了。而西山那片风景甚佳的地方，并没有大面积地改造成陵园的意思。于此看来，志摩之灵于不幸中亦有庆幸了。因为海宁这些年的城市建设速度很快，在旧城改造中，已然推掉了一些名人的旧居或值得保留和纪念的地方，譬如蒋百里故居。也是在海宁的日子里，我看了嘉兴电视台播放的一部人物纪录片，介绍的是名导演史东山。此前我只在北京八宝山见过史东山墓，看过他拍的一两部影片，这次才知道他是海宁人，出生在东山脚下，他的名字就与东山相关。但还能寻到史东山的故居吗？不可能了。

　　海宁修建的几处颇见特色的纪念馆都是值得称道的。建在张宗祥故居的张宗祥书画院也是硖石的一处人文景观。从其生平展览中可获知，张先生是现代史上卓有成就的学者和书家。他担任过的职务中，我以为最重要的可列出：京师图书馆主任、浙江省教育厅厅长、浙江省图书馆馆长和西泠印社社长。如今的古籍校勘工作，几乎很难设想手抄了，张先生当年则以抄校古籍之多而著称，最具代表性的是主持补抄了文澜阁的《四库全书》。先生《八十书怀》诗中有云："四五十年事抄校，每从长夜到天明。"这是诗，也是真实的记录。他的书法，及他对书法的理论研究，影响了浙江几代书法家，仅"诗人徐志摩墓"那数字即可看出其功力的深厚和个人的风格。

在张宗祥生平展中，我看到了军事家蒋百里的照片和相关介绍。蒋、张是中学同学，更是一生的好友。蒋家在硖石的旧居已在旧城改造中拆除，只余一处藏书楼，曰"涵芬草堂"。我读过陶菊隐的《蒋百里传》，对这位军事家颇为敬佩，还知道他的女儿蒋英是著名的声乐教授，女婿钱学森更是享誉世界的著名科学家。草堂本是读书处，出了一门奇才，实在该收集些详尽的资料，并予以介绍。

兴建中的徐邦达艺术院，位于西山的另一角，规模不在钱君匋艺术研究馆之下。对文物收藏者来说，徐邦达这位国家级文物鉴定专家的名字当不陌生。

硖石出去不远就是盐官，那是海宁观潮的最佳地点。国学大师王国维的故居距观潮公园不远，相对而言，却显得冷清寂寥。我怀着朝拜的心情走进那个小院看了看，但也只是个看客而已。

西山山头的紫微阁是重建的，某个早晨，我登阁看景，阁内屏风上白居易的《登西山望硖石湖》诗中有句曰："居民地僻常无事，太守官闲好独来。犹记长安论诗句，至今惆怅读书台。"身为太守的白乐天当时该是在距此不远的杭州为官，到硖石是来看他的朋友顾况。闲来生惆怅，是古代文人免不了的毛病，今天能在这里看到刻在壁上的"惆怅诗"，看到海宁的种种文化遗迹，我已忘却惆怅，非常知足，如飨精神美餐了。

在西山，我发现志摩的墓前还有一条拾级而上的墓道，起步处是一棵紫玉兰。树上的花正待怒放时，我拍了一张照片。照片上的志摩墓是模糊的，但志摩的诗历经多年的"模糊"之后仍清晰地流传了下来，尽管有人不喜欢，有人爱举鲁迅的例子来贬低徐志摩的诗，却无碍喜爱这些诗的人保留他们（也包括我）对诗人的一分敬意。九泉之下的志摩，你该欣慰吧？

二〇〇三年四月九日，志摩故里归来

附记：

　　陈从周这个名字我早就知道，这名字几乎可以说是古典园林艺术的代词。在嘉兴海盐的南北湖，见到陈从周先生墓园的雕塑后，我才记起手头有几本他写的书。一九八三年买的那本叫《书带集》，书价只有六角四分，书名甚雅，我却没有去想过什么叫书带，也未细读。刚刚补上这一课，觉得有现趸现卖的必要。从周先生说："书带草是江南园林中最常见的长绿草，算不了什么，但又少不了它。我这类文字或许有点相似吧。"惜乎我与先生只有一次书信往还，想再求教或探讨什么，也没有这个可能了。识得书带草后，我真想建议陈公，他的大著可称《说园》，随笔索性叫它《书带草》，则更贴切。

林徽因的无字碑

今年要做的事很多，其中包括想写一本关于中国近现代文人墓地的书，写一写我的所见和感受。昨天去高莽老师家，有一点事要办，私下的另一个原因是去求他的一本书：《灵魂的归宿——俄罗斯墓园文化》。这本书出版整整一年了。高莽老师说，他以往出的书总要送给许多朋友，以书易书，以书会友；这本书刚出版时，他也送出去了若干本，后来突然发现手头存书所剩无几了，善良的妻子又提醒他：这本书送人好像不大吉利，于是终止了赠送。能得到这样一本设计和印刷都非常精美的关于墓地文化的书，在我来讲是格外"吉利"的事，它将督促我尽快把我的计划付诸行动。

我近期所创作的一个戏就与墓地相关。一年前，青年歌剧导演陈蔚给了我一个围绕着林徽因的情感与事业展开的歌剧剧本。有感于中国原创歌剧制作之难，我们决定以小剧场歌剧的形式推出这个作品，首轮演出的时间定在二〇〇一年十二月。借作曲家周雪石自武汉来京商讨剧本之机，我们一起到八宝山公墓内的林徽因墓前，

林徽因墓

献上了一个小小的花篮。

读剧本时，我还阅读了林徽因的一些诗文和传记，知道她的墓建在八宝山，由人民英雄纪念碑建筑委员会负责修建，她生前为纪念碑设计的饰雕刻样后来移用在她的墓碑上，上方刻着"建筑师林徽因墓"。"文革"中这几个字被红卫兵刮去，未再修补，成了一方无字碑，唯一的标志就是碑上的汉白玉刻样。偌大的八宝山，无数的墓碑，仅凭这一标志，能找到林徽因的墓碑吗？三月七日，我和陈蔚初访墓地，进了大门，先向左首墓区走去，穿过一排排墓碑，我指着那些我熟悉的让陈蔚多看一眼：徐悲鸿、闻一多、史东山、郑振铎……走到倒数第三排时，我们忽然发现，几乎是同时发现，那方无字碑就在眼前！

这是一方普普通通的花岗岩墓碑，与当今那些豪华的墓地相比，显得既朴素又大方，唯其特殊的就是嵌于墓碑正中的花圈刻样的精细和鲜明的装饰感。这片墓区中的墓大多修建于二十世纪五十至六十年代，样式没有太大的区别，墓碑上除了逝者的姓名之外，有的还嵌着瓷版画照片，刻着碑文。如果我们不是知道林徽因墓碑的特殊标志，大概是难以寻到并确认其主人身份的。

林徽因（一九〇四——一九五五年），原名林徽音，因与一男性作家同名，而改音为因。早年随父游历欧洲，定居英国，与徐志摩结识。返国后加入新月社。后与梁思成同赴美国求学、成婚。回国后以建筑学为其终生事业，并以小说和诗歌创作享誉文坛，被萧乾称为"一代才女"。曾与梁思成一起进行野外调查，考察中国古代建筑，并做研究工作，还协助梁思成写出英文版的《中国建筑史》。中华人民共和国成立后被聘为清华大学建筑系一级教授。参与了国徽和人民英雄纪念碑的设计工作。一九五五年病逝,年仅五十一岁。

与陈蔚、周雪石一起到八宝山的这天是四月二日,林徽因忌日的第二天。前一天是星期日,临近清明,我们不愿增加墓地的喧嚣。二日这天,到八宝山时已是下午四点,墓地内相当清静。林徽因墓前供放着一个花篮,想必是梁、林家人未忘故人,前日刚刚来祭奠过。

到八宝山之前,我们一起去了香山双清。二十世纪三十年代初,林徽因曾在那里小住养病,写出了一组诗歌和小说,最有名的当属其中的一首诗,题曰《一首桃花》。在幽静的双清,在春季暖融融的阳光下,我们重温了这首诗。我们还意外地发现,莲花池对面的小山坡上,绿竹和树丛中,正俏然地绽放着一树桃花。只有一棵!看得出这桃树栽种在那里的时间不长,种树的人也未必会想到七十年前此地就有桃树,且曾引出一位女诗人的灵感和一篇佳作。凝望着淡粉色的桃花,我们似乎望见了七十年前的林徽因那年轻美丽的身影,似乎隐隐听见她的悄吟:

桃花,
那一树的嫣红,
像是春说的一句话。
朵朵露凝的娇艳,
是一些
玲珑的字眼,
一瓣瓣的光致,
又是些
柔的匀的吐息;
含着笑,
在有意无意间

生姿的顾盼。
看,——
那一颤动在微风里
她又留下,淡淡的,
在三月的薄唇边,
一瞥,
一瞥多情的痕迹!

在林徽因墓前,我们又一次陷入沉思和遐想。

就在八宝山公墓这个地方,还长眠着林徽因的数位亲友,其中有两位与林徽因关系密切的男性。一位是梁思成,林徽因的丈夫和事业的伙伴,他于一九七二年去世,骨灰安放在某个级别较高的骨灰室,除了逝者亲属,只有够级别的人才能进去。另一位是金岳霖,我国著名的哲学家、逻辑学家、教育家。他与梁、林夫妇是毕生的挚友,终身未娶,晚年与梁思成的儿子梁从诫一家相依为命,从诫称其为"金爸"。金岳霖一九八四年去世后,亦葬于八宝山,我们没有找到金墓的具体位置。

梁思成晚年的伴侣林洙女士写过一本《大匠的困惑》,其中有这样一段文字:"一天我下班回来,发现一箱林先生生前与思成为人民英雄纪念碑设计的花圈纹饰草图,被扯得乱七八糟,还踏上很多脚印。我正准备整理,思成说,算了吧!于是让我把这些图抱到院子里去,他点燃火柴默默地把它们烧了。最后的一张他拿在手中凝视了良久,还是扔进了火堆。结婚几年,我没有见过他哭,但是这时,在火光中我看到了他眼中的泪花。"

我们制作的小剧场歌剧就是从墓地开始的:黑暗的

台上,一束光照在一块汉白玉的无字碑上,乐队奏出林徽因充满灵性的主题。灯光下,一个戴眼镜的学者模样的男人低头慢慢走着,寻找着。他走到晃动着树影的墓碑前时说:"徽因,你在这儿。这块花圈浮雕的刻样是你为人民英雄纪念碑设计的,想不到却成了自己的墓志铭。"墓碑隐去,少女时代的林徽因出现在我们面前……

二〇〇一年七月二十二日 夜记

悲欣陆小曼

陆小曼是个不太容易定位的女子,但却是文化圈里尽人皆知的。说到底,跟她与行伍出身的王赓将军离异后再嫁诗人徐志摩那段经历有很大关系,跟她作为徐志摩的未亡人、身边一直有个关系暧昧的男人翁瑞午也有一定的关系。陆小曼的一生,是悲剧的一生,幸福和欣喜不是一点都没有,但都是短暂的。她的一生,能自己做主的事情不多。就拿婚姻来说,王赓不是她想嫁要嫁的,徐志摩对她的追求也多于她对徐的追求,而与翁,大约还是感情多于爱情。还有就是想去世后和志摩葬在一起,这说与好友赵清阁的唯一遗愿,也终未如愿。叹息乎以兮,人之在世,许多事自己都做不了主,何况身后呢?于陆小曼来说,似乎更是这样。

我是先到徐墓旁,再到陆墓旁的。陆小曼的墓在苏州东山的华侨公墓,在公墓里转悠的当地人都知道她,一问是来看陆小曼的墓,竟有三几个人争着带路。到了墓前,也不客气:"老板,给盒烟钱吧。"拿了钱,几个人转瞬都不见了,看来都是吃死人饭的。眼前的陆小曼

陆小曼墓

墓，是一九八八年修建的，我在海宁柴草的书、上海丁言昭的书中都见过照片，但来到墓的跟前，亲眼看到的陆小曼墓，其简陋之程度，仍令我惊叹不已。一平米见方的一座墓，前面是一个稍短些的石头供桌，后面是一方一米左右高的墓碑，碑上刻的字是：先姑母陆小曼纪念墓。立碑人是陆小曼的三个侄子侄女：宗麒、宗麟和宗枬。字分别漆成红黑两色，嵌了一块椭圆的陆小曼瓷版像。据说这墓及碑是在台湾的宗枬出资修建的，而陆小曼一九六五年去世火化后，骨灰曾在殡仪馆存放许久却无人认领，所以，二十多年后才修葺的这座墓，实属衣冠冢，也只能叫作纪念墓。

这墓碑不仅简陋，而且没有特点，一点陆小曼的痕迹都没有，难以让人把它与墓主联系在一起，更难让人产生什么联想。如果有联想的话，概括成一个字，还是：悲。

二〇〇三年元宵节后，在海宁排练音乐剧《五姑娘》那段时间里，我几次去徐志摩的故居探访。硖石镇，干河街，从我下榻的华联大酒店出门左转，走几分钟拐两个弯就到了。那时我是志摩的邻居，我在房间里又可凭窗遥望志摩的墓，真有时空交错的感觉。每次去故居时，参观者都很少，甚至有少到只我一人的时候。虽说那故居是后来重修的，但基本按照原样，按照徐志摩的父亲为志摩和小曼婚后单独建的那所老房子的样式。那里嗅不到林徽因、张幼仪或志摩交往较近的凌叔华等其他女人的气息，那里到处弥漫的都是志摩和小曼短暂的、幸福缠绵的、近于甜腻的温馨，那温馨，甚至弥盖了徐家与小曼的对峙。在那里参观，会不自觉地想起小曼对志摩的称呼是"摩"，志摩对小曼的称呼是"眉"，他写给小曼的情书结集后的书名叫《爱眉小扎》。

陆小曼到底是个什么样的人呢？她写过一些文字，但不能说是作家；她一度热衷于唱戏、演戏，大概可以算作戏曲名票；她后来成为上海中国画院的画师（相当于教授吧），但若说她是画家，似乎也不是成就很高，临摹的画作毕竟不少；她当学生时，就担任过口译，后来笔译过外国文学作品，然也无法称之为翻译家。胡适说她是一道风景，不可不看。刘海粟听胡适说这话时，还没见过小曼，所以半信半疑。待后来见了面，收为弟子，便深信不疑了。那是二十世纪二三十年代的中国，有留洋经历的人还不多，凤毛麟角，从国外回来，自然就凑到了一起。留学西洋的似乎比留学东洋的更洋气些、西化些。这些凑到一起的人，有各自的异性偶像，一拨的偶像是林徽因，另一拨的偶像是冰心。陆小曼没留过洋，但英文、法文的水平都相当高，可见出自名门，家教观念超前。小曼给人印象更多的似乎是交际花的角色，其实未必，她不只交谊舞跳得好，京昆也都能唱几出，还有一定的绘画基础。但在以林徽因为中心的那个小圈子里，最初她只是旁观者，用她羡慕的目光，远远地欣赏着林徽因的表演。印度诗圣泰戈尔来中国访问时，陪伴在大胡子诗人左右一起合影的是金童玉女似的志摩和徽因。在东单三条那条胡同里的协和小礼堂演出泰戈尔的诗剧《齐德拉》时，徽因和志摩是台上的主角，小曼在礼堂门口检票，演出结束时献花，都是服务性的工作。几年后，已娶小曼为妻的志摩，试图再次赶到这个地方，为的是聆听林徽因给驻华外国使节所做的关于中国古代建筑艺术的英文讲演。志摩没有赶到，飞机失事，死在了天空中。几十年过去了，东单三条那条胡同在城市改造中已经消失了，幸运的是协和小礼堂保留了下来。二十世纪六十年代，我是小学生，几次在那个礼堂里开会或看演出。很简单的礼堂，豪华和大气几乎都用在了它的外表——磨砖对缝的青砖外墙和绿色琉璃瓦屋顶，里面的座位连座椅都不是，只是一排排的长条木凳。后来听李德伦先生说，协和小礼堂以前是有管风琴的，他年轻时在那里听过管风琴的音乐会。我在那里开会时，管风琴已被作为"封资修"的象征物而毁掉了。歌剧《再别康桥》建组后，我带着主创人员在北京走访了多处与该剧人物相关的旧址，也进了闲置的协和小礼堂。现在的协和医院，早已不是当初的协和医院，现在的协和小礼堂，又怎么可能是当初的协和小礼堂呢？

走题了。还说小曼。

如果不是徽因和梁思成去美国读建筑，志摩大概不会那么专注地走进小曼的生活。如果不是志摩那么专注，小曼和王赓的婚姻大概还会不温不热地持续下去。志摩是王赓信得过的朋友，有人说王赓和小曼结婚的时候，志摩是傧相。我不知属实否，但志摩和小曼结婚的时候，王赓送了厚礼是确实的（还有"苦尽甘来方自知"七个字）。我把这话题讲给一个小朋友时，她奇异的反应是"怎么这样啊"？我也说不清怎么会是这样，我只知道，胡适先生本来是想做志摩和小曼的证婚人的，他的太太江冬秀实在看不过去了，扬言要"爆料"了，才吓得胡适赶紧找借口离开北京。北海公园里的画舫斋，是一处幽静的园中园，志摩和小曼在那里举行了婚礼，证婚人变成了梁思成的父亲、清华国学院的导师梁启超。谁都没想到，梁的证婚词竟是对一对新人的训斥，这个力主维新的思想家、教育家，在婚姻的观念上一点维新的意思都没有。不知在他训斥一对新人的那片刻，他有没有想到他的儿媳林徽因与徐志摩曾有过一段恋情。

婚后，小曼和志摩定居上海。

我试想过，如果他们没有离开北平，或者他们就定居海宁，是不是能比定居上海幸福呢？

其实是没有这种可能的。小曼生在上海，祖籍是上海附近的常州，北平和上海两地比较，她当然更喜欢更适应上海。海宁硖石的房子虽然是新建而且相对豪华，但徐家未必能长久地容纳她。翁瑞午（也算是志摩的朋友吧），能给她治病，能陪她唱戏，这样的事，志摩确也做不来的！后人对陆小曼的批评，多自此开始，却少注意志摩之死对小曼的精神打击和小曼的巨大变化。在志摩的葬礼上，陆小曼献上的挽联这样写道：

多少前尘成噩梦，五载哀欢，匆匆永诀，天道复奚论，欲死未能因母老；

万千别恨向谁言，一身愁病，渺渺离愁，人间应不久，遗文编就答君心。

后来她确实编就了《志摩全集》，但即便到了今天，仍有言论攻击其在徐志摩葬礼上这样的表态是"自我炒作"，真令我晕！

志摩去世次年，陆小曼到硖石镇为亡夫扫墓，有诗作如下：

肠断人琴感未消，此心久已寄云峤。
年来更识荒寒味，写到湖山总寂寥。

（癸酉清明回硖石为志摩扫墓，心有此感，因题此以博伯父大人一笑。侄媳敬赠。）

志摩的表亲陈从周说：陆小曼平生的诗，唯此一首可珍也。他曾在港报为此诗写过一篇文章纪念她。

所幸，陆小曼没有放下手中的画笔，她的精神状态也在她笔下的画中得以调整和焕发。

写陆小曼的传记，我读过三五种，都不甚满意。不甚满意时就会想：这一段、这个角度，若是我来撰写，该怎样去落笔呢？比如：若写陆小曼的画，该写些什么？几种传记里，似乎都提到陆小曼不到三十岁时的一幅名画（准确讲，该是志摩去世之前的最后时段）。那是一幅仿董其昌画风的山水长卷，画面四边有邓以蛰、胡适、贺天健、杨杏佛等多位名流的题跋。我在海宁的徐志摩纪念馆里看到过复制品，还抄录了胡适的题词：

画山要看山，画马要看马。闭门造云岚，终算不得画。

小曼聪明人，莫走这条路。拼得死工夫，自成真意趣。

（小曼学画不久，就作这山水大幅，功力可不小！我是不懂得画的，但我对于这一道却有一点很固执的意见，写成韵语，博小曼一笑。）

贺天健的题诗则有反胡之义：

东坡论画鄙形似，懒瓒云山写意多。
摘得骊龙颔下物，何须粉本拓山阿。

除了这幅画，几种传记里几乎再未详说陆小曼的画作。其实，陆小曼与画，完全可以成为她的传记中的一章；对陆小曼画作的研究，也完全可以独立成文，成一专题研究。可能有人会说我这是小题大做，的确，我也未见得能把这个题目做大。

陆小曼的画，早年随其母吴曼华开蒙，后师从刘海粟、陈半丁、汪星伯、贺天健。按诸师特长，大约山水画主要师从刘海粟、汪星伯和贺天健，花鸟画和人物画主要师从陈半丁。师父领进门，修行在个人，她临摹过的古画不在少数，她的画上，题款中常常出现"拟"字，可作为临摹或在临摹基础上创作的明证。此外，她也爱在画上题诗，大都是旧体诗，不论有名或无名。譬如：泉声咽危石，日色冷青松。（引自唐王维的《过香积寺》）雪满山中高士卧，月明林下美人来。（引自元末明初高启的《咏梅九首》）绿浅红深醉眼浓，殢人何处不迷踪。飞时莫浪随流水，自有春涛可化龙。（引自明张新的《桃》）我所见最长的一首是题在《翠霭晴岚图》上的长诗，貌似七古又非严格意义的七古，自云"拟明王鉴法画此并书其诗"，堪称陆小曼画作题诗字数之最。当然，也不排除有陆小曼少量自己创作的题画诗。她随汪星伯短期学习期间，汪先生对她的指导不仅限于绘画，还包括写诗。题诗之外，陆小曼偶有直抒胸臆的题跋，如一九四〇年所画《山水白梅图》（代拟名）题跋曰：

余平身（生）爱梅成癖，因其骨高，不与群花争艳，其味香而清逸。若能筑屋梅间住，定一洗胸中积闷之气也。庚辰立冬　小曼题

前几年我从一本拍卖会画册上看到陆小曼的一幅《对弈图》，题画文字曰：

余此身（生）除好梅花成癖外，另爱棋术，常与小

妹唐瑛对弈，有上品女儿红，一着一酌，颇为有趣。丙子（一九三六）秋月　小曼陆眉于海上曼庐

这幅画类同自画像，但不只画自己，还画了一位同性友人，画出了彼此的嗜好。在我看来，这段文字也颇见其情趣。两个姊妹般的女子，暇时对弈，走一着棋，抿一口老酒，好不悠闲。足见陆小曼身体状况也有不错的时候。唐瑛是与陆小曼名气不相上下的民国名媛，曾与陆小曼同台票戏，联袂演唱昆曲，有"南唐北陆"之称。唐瑛的第一次婚姻不甚理想，但养育了一个日后成为舞台美术设计大家的儿子李名觉。陆小曼送过唐瑛多幅她的画作，分别题款曰："戊寅年（一九三八）仲夏月上浣日为唐瑛小妹雅正"（纨扇仕女图）；"唐瑛女史雅鉴　乙亥年（一九三九）冬月下浣日　拟宋人粉本于沪上曼庐……"；"庚辰（一九四〇）春仲日仿元人本以奉唐瑛小妹清赏……"（菊花古瓶图）；"仿仇十洲春思图　唐瑛小妹一笑"（未标年代）；"拟唐六如笔意为之唐瑛小妹法家雅存"（月夜舞扇图，未标年代）等。其他画作的题款中，有的也能看出她与唐瑛的密切关系，如《洛水之神》款："乙酉（一九四五）冬月与唐瑛小妹同读洛神赋，遂写此像以自娱。"现在能看到的陆小曼画作中，她送给唐瑛的多幅作品，可自成一类。这些画上的题款，均无诗句，偶有题跋，多有"唐瑛小妹"字样，显示出那段时间里她们之间密切的关系。一九四八年唐瑛去港，后移民美国，此后再未见到陆小曼送唐瑛的画。

陆小曼的画，有数幅上面有徐志摩的题诗（旧体），有的题在画上，有的题在画外，裱成一轴，也能看出他们夫妻之间的那段恩爱情感。后来与陆小曼同居的翁瑞

午显然没有合作的福分,偶尔可见某画上有翁的题款,但似难辨真伪,其书法水平也一般。倒是有一幅山水画,吴湖帆题款,先道出是"瑞午持此画示余",再道是"汪君星伯女弟子得意笔也",然后题曰"阔大非弱女子能力所及也,是不易也"。似也可作为翁、陆之间关系亲昵的一个证明。坊间留存的陆小曼画作,未必都是真迹,例如:有两幅题款时间相隔五年的《群芳争艳》,都是题赠"适之大兄雅属"的,一为中堂,一为扇面。是否均为真迹?不知在《胡适日记》中能否找到答案。

一九四一年,陆小曼在上海大新公司举办了个人画展。

陆小曼晚年被时任上海市市长的陈毅关照,一九五六年成为上海文史馆馆员,一九五八年得进上海画院成为专业画师,一九五九年被评为全国"三八红旗手",还成为上海市政府参事室的参事。现在还能看到她一九五八年秋创作的一幅现实题材的作品,画风明显有所转变,题曰:"今日农村处处公社化,农民个个笑哈哈,社里自己办学校,学校里面开工厂,耕田跃进机械化。六亿人民力量大,问声美帝怕不怕。"以这样的作品终结陆小曼的绘画生涯,于她而言,大概也是始料未及,但或也可视作她的命运从悲到欣的一个转折吧。

沈从文：士兵·作家·学者

二〇〇七年春天，我有几天空闲，惦记着《边城》改编歌剧的事，带上一九八二年购买的《沈从文小说选》和《沈从文散文选》两本书，就去了湘西凤凰。

在凤凰小城吃过午饭，入住桥头客栈。在凤凰城内外那么多的旅店中选了这个住处，纯粹是因为它临水的位置，窗外就是沱江，还有江上的虹桥。后来才看到沈从文说过的一句话："走长路皆得住宿到桥边与渡头，值得回忆的哀乐人事常是湿的。"好像冥冥中有着些微的感应呢。

天气微寒，客栈里有空调，补睡了午觉，没想到睡醒时已近傍晚。惦记着去凭吊沈从文先生，赶紧出门，依循刚才看过的凤凰地图留下的印象，走上江边的青石板路。

路途是那种不长不短的距离，走过大半，路边的店铺没了，露出了江水。我有点沉不住气了，问一位拉车的中年人，他说往前走，已经不远了。又走了不远，拉车人追上来了，邀我坐车，说是不收费，回去坐他的车

沈从文墓

再收。我坐上车,屁股还没热,就到了。下车上坡,拐弯处有介绍沈先生生平的碑。天色渐暗,不及细看,又拐上去,就见到了作为沈从文墓碑的那块五彩石。

石上有字,是沈先生的笔迹:

> 照我思索,能理解我;
> 照我思索,可认识人。

作家伊甸说过:用沈从文先生自己的这段题词作为墓志铭,是对沈从文作品精神取向的最准确的把握。

碑石背面是沈先生的妻妹张充和女士的诔词:

> 不折不从,亦慈亦让;
> 星斗其文,赤子其人。

字刻成两排,竖读断句处,还可读出"从文让人"的字句来。

据车夫说,这块地方叫听涛山,是凤凰田姓人家的私产,少年从文常到这里来玩儿。

那块五彩石是天然的,只在刻字的地方稍稍凿平了一些。

背靠青山,守望沱江。除了这块近乎天然的石头和石头上的字,沈从文的墓再没有其他的形式上的东西了。

沈从文生前最后一次是坐船过来的。他的葬仪,最后的这段旅途依旧是走水路,他骨灰的一半,撒在了这最后的旅途中。沱江,接纳了这位中国最善于写水的作家的灵魂。

上坡匆忙,我漏过一处景观,下来时才看到,那是一块像路标般的石碑，上面刻的是沈从文的侄子、画家兼作家黄永玉题写的文字：

一个士兵，要不战死沙场，便是回到故乡。

八十多年前，沈从文从故乡出发，走入军旅。土著部队也罢，正规军也罢，都未能把他训练成一个正规的军人，战死沙场的机会没有关照于他，却把许多士兵的故事留在了他的小说中。二十出头，他只身来到北京，开始了他的求学和写作的生涯。那是更混茫的沙场。

以沈从文的小学学历而想一蹴进入大学，这在今天几乎是天方夜谭，即便在当时，也不那么简单。他报考燕京大学的分数是零，连两块钱的报名费都被退了回来。所幸有一所向一切人开放的北京大学，旁听生均可不注册，沈从文就成了这样一个大学旁听生。

旁听之余，沈从文的写作也开始了，但与大多数作家刚走上这条路时的情况差不了太多的是，投给报刊的稿件竟无处肯登。两年后的冬天，他给当时已成名的作家郁达夫的信得到了回音——郁达夫亲自跑到他的住处来了。摘下自己的毛围巾披在他身上，拿出五块钱拉他出去吃饭，找回的零钱也都给了他，而后写下一篇《给一个文学青年的公开状》。"公开状"不啻激将法——郁达夫为沈从文出的主意一是当兵二是做贼，实际上日后郁达夫还给了沈从文不少帮助，比如说，让自己的老同学徐志摩与沈从文结识。有了他们的帮助，沈从文没有在城里做巡警，也没有卧在什么人家的屋檐下，作为一个作家，他在北京立住了。

自一九二八年起，沈从文先后在上海、武汉、青岛、北京、昆明等地教书、编教科书、编杂志和报纸副刊。其中尤以担任《大公报·文艺副刊》主编时对青年作者的提携传为佳话。他自己的创作也相当高产，至二十世纪四十年代，已出版了十数种作品集。

树大招风。沈从文的作品自三十年代起就屡遭批判。如果说，鲁迅对沈从文的批评是因误会而起，那么，郭沫若对沈从文的批判则带有鲜明的政治色彩（或许也不乏报复）。多年以后，沈从文的弟子汪曾祺在一篇怀念老师的文章中说："在一个相当长的时期，沈先生是一个受冷遇、被误解，甚至遭到歧视的作家。"对沈先生的误解，一是说他"不革命"，二是说他没有表现劳动人民，三是说他美化了旧社会的农村，冲淡了尖锐的阶级矛盾。汪曾祺说，沈先生美化的是人，沈先生小说的一个贯穿性的主题是民族品德的发现与重造。他还说，沈先生后来改业研究文物，他在表述这些文物的文章中充满了民族自豪感，这和他的文学作品中的爱国主义是完全一致的。

汪曾祺另一篇相关文章的题目叫《沈从文的寂寞》。他说，寂寞造就了沈从文，寂寞有助于深思，有助于想象，寂寞是一种很美的境界。他说，沈先生说过，你们能欣赏我故事的清新，照例那作品背后的热情却被忽略了；你们能欣赏我文字的朴实，照例那作品背后隐伏的悲痛也忽略了。"寄意寒星荃不察！"

沈从文的孙女沈红说：他用不是时尚的方法去爱一个多难的国家，他执着地用自然的美、人性的美，后来是用古代文明的美编织了一个朴实单纯的理想。虽然他不奢望以此取代社会理想，但是他热切地希望能唤起百病缠身的民族一些健康的记忆、健康的追求。只是，一个在刀光剑影和血腥中求生的民族不大能理解他的爱的方法，不被理解时他依然默默地工作。

几十年后出现的"沈从文热"是从美国转至中国的。如今的"沈从文热"该是主要"热"在他的家乡。《边城》写的是湘西靠近四川的小山城茶峒,但在凤凰,许多凤凰人现在都把这里称作"边城"。沈从文故居、虹桥上的书摊,都摆着不同版本的《边城》,有照片,有插图,还有沈从文对《边城》电影文学剧本的意见。我买了几本书,书摊主人执意要为我盖上章,我同意了,那印章上的字是"边城书社"。

在凤凰的沈从文故居,我第一次读到沈从文的孙女沈红一九九一年写下的那篇《湿湿的思念》。文章中,作者归纳了水与沈从文的关系:水给了他想象力和自己的思索方式;水给了他执着柔韧的性格;水激发他对人世怀抱虔诚的爱与愿望。

听说沈先生对《边城》改编拍成电影是不大赞成的,后来的电影也没有按照他看过的那个本子拍。他顾虑的是,电影拍不出小说的那种韵味和思索。我想,改编成歌剧是不是会比电影更接近原作一些呢?住在凤凰的那几天里,我不敢下这个结论,我想去茶峒看看,但我没有从凤凰直接去茶峒。我决定把茶峒作为我再系统地读过一些沈从文作品之后的下一个目标。我期望在那里与沈从文先生做一次精神上的对话。

多年以后,我的愿望依然停留在梦幻之中。舞剧《边城》早就做成了,且影响颇大,我还认识了这部舞剧的作曲杨天解先生。歌剧《边城》也经我的同事骁建武的努力,而初现于舞台,但因官司即起,而无法正常演出。边城边城,怎一个"边"字了得!

重读刘雪庵

二〇〇二年清明前去八宝山扫墓,无意中见到了骨灰墙上老音乐家刘雪庵先生的墓穴,片刻的凝视,触动我想起许多事。十余年前,八宝山革命公墓骨灰堂里出现了骨灰墙,最初我以为只是有效地利用空间,但又觉得这做法与老话所说的"入土为安"不符,所以不明白为什么骨灰墙一排排地增加,竟还一排排地逐年"满员"。后经他人点拨,方知:骨灰安葬在八宝山革命公墓是要够一定级别的,级别在这里重过金钱,级别不够,有钱也没资格进来,葬在这里,本身就是一种政治待遇的体现。弄清这一点,也就明白刘雪庵先生的墓为什么要"挤"在这里了。恕我不敬,用"挤"这个字,没有夸张,也没有贬义,说的只是事实而已。

黑色大理石墓碑正中是逝者的遗像,花白头发,戴着眼镜,着中式服装,典型的老知识分子模样。遗像两旁的字是:鞠躬尽瘁,光明磊落。下面的字是:

1905—1985

中国著名作曲家刘雪庵先生千古
儿学达、学信、学苏　女学宏、学麟　敬立
一九九〇年三月十五日

　　过去我对刘雪庵先生的了解，仅限于知道他作曲的《何日君再来》《长城谣》和他作词的歌曲《踏雪寻梅》。后两首歌现在还常常能在音乐会上听到，前一首好像只有邓丽君和蔡琴的录音能在音像店里找到了。记得二十年前的暑假，我在西安的亲戚家中，拉上窗帘，偷听邓丽君的盒带，唱到这首《何日君再来》时，音量必须小到只能自己听见。我怕隔墙有耳，被人告密的后果我是尝过的，就是因为听老柴的唱片。好像是在我听《何日君再来》之前的一九八〇年，《北京晚报》一版下端刊出对刘雪庵的专访。回顾了这首歌的创作背景，澄清了一些史实，颇有在舆论上为他平反昭雪的意思。当时我尚处懵懂年龄，不甚明了这些现象的含义，于今看来，那至少是三中全会之后开始拨乱反正的成果吧。

　　今年二月，我在三联书店发现音乐类书架的顶端竖着几本《刘雪庵作品选》，抬起脚尖才能摸到。取下一册翻阅，竟是年初刚刚出版的。尽管我不搞音乐史音乐理论，尽管书中的线谱对我来说比读古文都难，我还是毫不犹豫地掏钱买下。只为书中的几篇文章，只为要对这位经历坎坷的老作曲家多一点了解。

　　书名由江定仙题写。周小燕的题词是："雪地天晴朗，又闻蜡梅香。长城长万里，玉笛声悠扬。"两位都是刘雪庵的老同学，可惜除了题字题词，没有他们的回忆文章。此书的编辑者是原重庆青木关国立音乐院和苏州国立社会教育学院（一九四七年由重庆璧山迁此）的部分校友，都曾受业于刘雪庵门下，发起者是美国圣荷西州立大学退休教授杨鸿义。编辑工作进行期间，收到各地校友及相关人士的认捐款两万余元，其中包括前辈音乐家贺绿汀（也是刘的同学）认捐的一千元。记录于后记中的这些内容，至少透露出编辑工作是在民间层面上进行的，连经费都是自筹。读过全书，我觉得有理由提出：有关部门应当出资编一部更全面的集子，使之作为中国现代音乐史上不可或缺的一部分文化遗产，真实完整地保留下来。

刘雪庵活到了近八十岁。这个年龄可以说是高寿，但对他来说却无法用"享年"一词，因为他生命的最后三十来年时光，几乎没有享受到"生"的乐趣。一九五七年，刘雪庵被划为右派，撤销了他的职务，堂堂教授，降职成为北京艺术学院（一九六三年改建为中国音乐学院）图书馆的资料员，几年后的"运动"中更遭到了灭顶之灾。他的罪名是反革命、汉奸，他的作品被斥为黄色、反动。一九八〇年，老友谢孝思从上海来京探望，见到了身居陋室、中风瘫痪、泪流满面、哽咽难言的刘雪庵。给刘雪庵带来巨大灾难的原因是什么呢？最主要的原因就是那首《何日君再来》，而把那首歌的罪名完全架在刘雪庵头上，又恰恰是一个冤案！

电影剧作家潘孑农一九八六年撰文回顾了这首歌的创作过程：一九三六年，艺华影片公司拍摄广告宣传歌舞片《三星伴月》，导演方沛霖请刘雪庵为影片写一首当时流行的探戈曲。刘写成后，导演心血来潮，未征得刘雪庵同意，就让编剧黄嘉谟填了唱词。刘雪庵看到词后，觉得有些段落粗俗，曾向友人表示不满，但碍于情面，未公开提出异议。潘文认为，其时上海尚未沦陷，不能说这首歌是"为汉奸做宣传"；先有曲后填词，词句颓废消极了些,又与刘雪庵何干!潘子农这个见证人"反右"以后也被张春桥打入冤狱,一九八一年才有机会向媒体披露真相。站在另一角度、立场看,这披露真相就是替刘"翻案"。曾几何时,"翻案不得人心"也是一句重要的语录呢。

书中收录的沈鹏年文章,引录了曹白一九三八年写的题为《喘息》的报道,记述了当时上海人喜欢《何日君再来》的原因:"四郊既然封锁,出入是这样的难,认真做个良民,心头又是这样的苦,唱唱《何日君再来》罢,这倒还是可以救药的……陷前的上海的歌声,'起来!起来!'那是年轻胸膛的鼓动;陷后的歌声,《何日君再来》应该作为年轻的满怀的哀诉。虽然嫌孱弱,然而是真的。"此段谈到了这歌的历史作用和社会效果,也就是说,虽有粗俗内容,却还起到过并非消极的作用。

上海音乐学院的校史上,刘雪庵应该留有一笔。一九三〇年他考入该校,师从萧友梅、黄自、朱英、易韦斋、龙榆生、吴伯超、李惟宁及俄籍钢琴家吕维钿夫人,后来还得到齐尔品教授的赏识。廖辅叔《记作曲家刘雪庵》一文主要回顾的就是刘雪庵在上海的这段经历。廖文对刘雪庵既有肯定也有批评,肯定的方面提道:九一八事变后,音专学生中最早出来号召抗日的就有刘雪庵;他当面向日本侵华首相近卫文麿的弟弟、指挥家近卫秀麿表示了捍卫民族尊严的态度;他的寓所成了中国作曲者协会的会所,主编出版了十八期《战歌周刊》,他创作的歌曲《募寒衣》《长城谣》都在刊物上发表;把张寒晖的《松花江上》续成了《流亡三部曲》;为进步的电影和话剧写过一些作品……批评方面,指出刘雪庵的一些歌词粉饰太平,弱点无可讳言,还写了一些迎合小市民趣味的不健康的以至消极颓废的电影音乐和歌曲。廖辅叔认为，对刘雪庵需要做出恰当的评价。

纵观刘雪庵的创作，有两处起到很大的积极作用的地方，还是要特别提一笔。一是《长城谣》这首歌，原本是一九三七年为潘子农的电影剧本《关山万里》写的插曲，上海沦陷后，电影未能拍成，歌曲却流传到前线后方，成为家喻户晓的爱国歌曲。据潘回忆，周小燕出国途经新加坡时，百代公司请她录制唱片，发行国外，激发了欧美侨胞的爱国热情，纷纷捐款抗日。后来刘雪庵又把《流亡三部曲》和《长城谣》拍成了音乐短片，上映后扩大了宣传效果。一九九五年，时值抗战胜利五十周年纪念，电视台邀请周小燕率学生登上长城，再唱《长城谣》，并拍摄了专题片。可以说，这首歌的艺术感染力和影响力至今仍未消减。二是一九四二年重庆隆重上演郭沫若的历史剧《屈原》，潘子农推荐刘雪庵创作了管弦乐队的配乐，演出时还由他担任乐队指挥，可谓锦上添花。一九六二年刘又对音乐进行了修改和发展，使之以崭新的音乐形象出现在舞台上。他的创作，形式多样，从声乐到器乐作品，都产生过积极的历史作用。四十年代起，他主要从事教育工作，培养出许多音乐人才，同时还率学生一起投身爱国民主运动。当年在璧山的学生们还记得，刘雪庵曾指挥一千五百余名学生演唱《黄河大合唱》，尽管周围军警林立，他仍从容镇定。中华人民共和国成立后，他创作了《人民解放进行曲》等讴歌新中国的作品，参与了中国音乐学院的创建。划为右派后，还在谱曲、创作……

一九八五年五月八日，刘雪庵先生追悼会在八宝山革命公墓举行，文化部副部长周巍峙任治丧委员会主任，中国音乐学院党委书记厉声和院长杜利分别主持和致悼词，对他的贡献做了较高的评价。在《刘雪庵作品选》中，没有收入这篇悼词，我也没看过这篇悼词。人死了，盖棺论定，不知这悼词中有没有溢美之词，有没有矫枉过正。我同意廖辅叔先生那句话，恰当的评价是需要的；我以为，在做恰当的评价之前，资料的完备也是必需的，包括悼词、他人的文章，甚至当年那些批判他的文章（大字报），都应集入一本更完整的公开出版物中。这是对历史负责，有个交代，也利于后人对其有准确的认识和评价。而在《何日君再来》这样特殊的作品名下，也应准确地写明：刘雪庵曲，黄嘉谟填词。为的是以正视听。

二〇〇二年四月八日

再记：

二〇〇二年十月五日，《文汇报》"笔会"副刊发表了这篇拙文，因版面所限，删去了两段文字。我将剪报复印件寄刘雪庵先生二女儿刘学麟一份，又呈上海音乐学院戴鹏海教授一份。数日后，得到刘学麟女士回信。她应我要求，给我寄来刘雪庵六十岁时的一张照片，悼词一份。一九八五年的文化界，显然不能与今天同日而语，对故人的认识也不可能一律，将悼词附在这里，也是留下份历史的记录。

十月下旬，戴鹏海教授公差来京，特约我一谈，指出了拙文中的一些错处，我已做了修改。戴先生还对文中一些细节提出意见或质疑，比如：廖辅叔对刘雪庵的批评，戴认为不准确。我笑答：廖说对刘雪庵需要做出恰当的评价，真想"恰当"，又谈何容易？而今廖先生亦作古，无法与他对话、讨论了，他的文章、观点，只可视为一家之言。

戴先生质疑的是拙文中提到的一九六二年刘雪庵又对话剧《屈原》音乐进行了修改和发展，使之以崭新的音乐形象出现在舞台上。戴先生说，那时刘还是右派，他的作品不可能演出，会不会是马思聪写了一稿，可以查查资料。笔者做这个课题研究比较吃力，需要看的东西太多，如有可能，一定查查。文中提到此事，系引自《刘雪庵作品选·前言》。

戴先生还建议我看看一九五七年《人民音乐》杂志刊发的两篇批判刘雪庵的文章，看看贺绿汀一九八〇年为刘说话的文章。

贺文发表于一九八〇年八月二十日《北京晚报》，后收入《贺绿汀全集》，题为《应该还他本来面目——从〈何日君再来〉谈到刘雪庵》，是由当年七月二十七日《北京晚报》记者沙青采访刘雪庵的文章及数篇有关《何日君再来》的文章引发的。贺文写道：人们头脑中的封建思想，是不可能用枪杆子消灭的。"文化大革命"就可算是封建主义的大回潮。要想在一个早上肃清"文革"时期的习惯势力是不可能的。错划右派得到改正的刘雪庵也只好默默无言地蹲在他的小屋里，忍受着继续向他射来的冷箭。对一个人的评价必须实事求是，一棍子打倒和全盘否定都是错误的。人们应该从严重的错误和挫折中吸取教训，老老实实按照《准则》精神办事，我们的国家才真正会有无限光明的前途。

附录：

刘雪庵先生追悼会悼词

今天，我们怀着极其沉痛的心情，深切悼念我们音乐界的老前辈刘雪庵先生。刘先生是中国音乐家协会会员、中国民主同盟盟员、中国音乐学院教授。他半个世纪以来致力于我国音乐艺术和音乐教育事业，为我国音乐艺术的发展做出了有益的贡献。刘先生生于一九〇五年十一月七日，长期卧病医治无效，于一九八五年三月十五日凌晨二时，在北京逝世，享年七十九岁。

刘雪庵先生是四川省铜梁县人。幼年失怙，锐意上进，立志求学，先后就学于成都美术专科学校、上海艺术大学，一九三〇年又考入上海国立音专。在此期间，他思想活跃，学业勤奋，积极结交进步人士，并参加了中国自由运动大同盟。九一八事变后，刘先生基于爱国热情，开始从事爱国歌曲创作。一九三六年初，刘先生参加了上海统一战线救亡组织"词曲作者联谊会"，并先后为《新中国青年进行曲》《十字街头》《李秀成之死》等进步影剧谱写插曲。这些具有爱国、民主倾向的作品，在三十年代全国抗日救亡的群众运动中起了很好的作用。一九三七年抗日战争爆发后，各方面音乐工作者云集武汉，刘雪庵先生等成立了全国音乐界抗敌协会，并编辑出版歌曲专刊《战歌》，以宣传抗日救亡为宗旨，因此成为当时全国仅有的一份有影响的抗战音乐刊物。在此期间，刘先生创作的《长城谣》《募寒衣》《保卫大上海》《流亡》和《上前线》等歌曲，反映了抗日斗争生活，在社会上和群众中产生了积极影响。刘先生在重庆国立音乐学院任教时，还为郭沫若著名话剧《屈原》谱写音乐和插曲，表达了自己的爱国热情和民主思想。解放战争期间，刘先生在苏州国立社会教育学院任职，他支持学生的爱国民主运动，坚决反对国民党迁校赴台的阴谋，并积极参加我党地下组织领导的护校斗争。

新中国成立后,刘雪庵先生拥护中国共产党,热爱社会主义祖国,要求进步,努力工作。他先后担任苏南社会教育学院和华东师大的音乐系主任、北京艺术师范学院筹委会副主任等职。此后一直在北京艺术学院、中国音乐学院任教。一九五一年他加入中国民主同盟,曾任中国音协上海分会理事。多年来,刘先生以自己的耿耿忠心和辛勤劳动,培养了许多专业音乐人才,创作了大量音乐艺术作品,丰富了我国民族音乐的宝库。他尊重我国民族音乐传统,并具有不断探索和勇于创新的精神,因而形成了自己的创作特点和艺术风格,为我国民族音乐文化的发展做出了宝贵的贡献。

刘雪庵先生一生积极进取,成绩斐然;但也历尽坎坷,饱经忧患。新中国的成立,曾经使他在思想上、艺术上焕发新的青春;但在五十年代中期特定的历史条件下,他也遭到过极不公正的待遇,"文革"期间更是备受迫害。但在逆境中,刘先生并没有动摇自己"没有共产党就没有新中国""只有社会主义能够救中国"的认识和信念。他以对党对人民的赤子之心,尽力工作和学习。他节衣缩食,却多次自愿献款给国家、人民。他教育子女要热爱党和社会主义,做对国家有用的人。粉碎"四人帮"以后,刘先生在政治上获得彻底平反。他激动万分,老泪纵横,衷心拥护党的十一届三中全会以来的路线方针政策,为祖国每一项巨大成就而欢欣鼓舞。在病榻上,他以顽强的毅力同疾病做了长期的斗争,他一直怀着为祖国四化建设献身的渴望,直到生命的最后一息。

今天,刘先生离我们而去了。我们悼念刘先生,就要学习他的爱国主义精神,化悲痛为力量,为繁荣音乐创作,为发展音乐教育事业,为建设我国民族音乐文化,而共同奋斗。

刘雪庵先生,安息吧!

刘雪庵先生治丧委员会
一九八五年三月十六日

阿炳的心迹

阿炳,本名华彦钧。他的墓——现在的,位于无锡市城外的锡惠公园内,我一直惦记着去他墓前看看,这愿望,在二〇一二年二月得以实现。

这座墓是重建的,阿炳原来的墓建在无锡郊外的道士墓地"一和山房"。他是道士的儿子,准确讲,是一个道士的私生子,从小住在道观雷尊殿旁,在雷尊殿里打工,研究过道教音乐,其父去世后,他子承父业,成了雷尊殿的当家道士。死后葬在道士墓地,也算是歪打正着。然而,"文革"中,连道士的墓地也不可能幸免于难,一夜之间就彻底摧毁了。一九七九年,无锡的书画家韩可圆先生在猪圈里找到阿炳的墓碑,清洗后捐献出来,现藏于无锡市博物馆。一九八三年,无锡市有关单位在锡惠公园内建阿炳纪念墓碑,一九八六年列为无锡市文物保护单位。新竖的墓碑是中国音乐研究所和无锡市文联两家单位联合的作为,杨荫浏先生题书:民间音乐家华彦钧阿炳之墓。

墓的样式,墓的意思,虽说是空墓。

阿炳墓

样式类同音乐厅的舞台，人去台空，令人思绪万千。

墓前有一虚一实二物，都与阿炳有关。虚的是一块石头，状若道士斜倚。那石头，介乎于自然生成与人工雕塑之间。石头的体积不大，似比真人还小些，所以，不经意地看去，只认为它是石头，也无不可。实的是一尊雕塑，作者钱绍武教授，无锡人，据说还曾是阿炳的邻居（未向钱先生考证此事）。雕塑的人物自然是阿炳，戴着一顶破帽子，拉着二胡，一副卖艺人的样子，很是凄惨。

墓建成后，渐渐成为公园中的一道人文景观。也对，后人要的是一个纪念先人的地方，有了这样的地方，他们绝不会去追究那墓中有没有先人的遗骨或遗物。墓，在某种意义上讲，就是一个标志。只要知道乐曲《二泉映月》的人，到了无锡这个公园，大概都要来阿炳的墓前逗留一下。有一张照片上，一个日本人，跪在墓前，双手高举一个录音机，播放《二泉映月》的录音。据说，他当时涕泪横流。

二〇〇八年，无锡市内的崇安寺，改建成休闲广场。广场上最空旷的地方——无锡县图书馆前，又竖起了一尊阿炳的雕塑，作者还是钱绍武教授。这尊雕塑的形象，与阿炳墓前那尊相比，更加狂放不羁、无所顾忌。由此我也联想到钱先生的其他作品。我以为，钱先生的雕塑，最大的特点是传神，我看过的作品中，《杜甫》《李大钊》《闻一多》《季羡林》等，莫不如是。他的传神，又是与夸张密切相连，所以让人过目难忘。

雕塑近旁，就是阿炳纪念馆——阿炳故居，馆名是国务院前副总理李岚清题写的。纪念馆也是新建的青瓦白墙仿古建筑。我相信，雷尊殿与它旁边的阿炳故居，即便留到今天，也会是破烂不堪的了。纪念馆内的文字介绍中特意说明：这一带就是原来雷尊殿的旧址。总体上看，能复原成现在的样子，已属不易了。

进纪念馆要收十元的门票，所以里面很清净，与外面的喧嚣大大有别。院内回荡的音乐就是《二泉映月》。

这是我相当偏爱的一首乐曲。

我最初听到的是二胡曲，但肯定不是阿炳的那个录音。很长时间里，听得更多的是弦乐版，在音乐会上。指挥家往往是徒手指挥，手上的动作或多或少，或表面或内在，因人而异，能看出不同指挥家的不同修养。后来再去听二胡版，似又感受到一些新的，也可能是原本被我忽略的、弦乐版里恐怕也奏不出来的内涵。无需比较，我觉得让它们共存自有其道理。只有一次例外，那是听马友友的现场演奏，大提琴与弦乐。未必苍凉，却有孤独，我以为比弦乐版的效果好，但不知换了别人来拉大提琴，是否也能有这效果。这个版本和弦乐版都是吴祖强先生改编的，我没问过吴先生为何如此偏爱阿炳，是不是和他与阿炳都是江苏籍贯有点关系呢？

北京的童心合唱团要开纪念建团十五周年的中国作品音乐会，曲目选择颇有斟酌，最后选定的歌中，有一首合唱版的《二泉映月》。填词的王健和编合唱的萧白都是名家（此萧白既作曲也指挥，但不写流行歌曲）。剧院同事、青年指挥王燕是这台音乐会的策划，她无意中跟我唠叨了一句"歌词不是太理想"。我不知深浅，说那就让我来写一稿试试。她点头，我着手，时间只有三五天。

我认真看了王健老师的词，很下功夫，也很见功力，与曲的搭配几近严丝合缝。

上网查询，又了解到一些情况：彭丽媛在怀旧金曲专辑中唱过,但那肯定不是合唱。

说老实话,王健老师的词有点"满",几乎每个音符下都有词;还有点"大",五湖四海都唱进来了。谱子发下去,"童心"的团员中有人就说"背不下来"。

我给自己定了个前提:字数要少些,与阿炳要靠近些,重点在"秋"上做文章。

阿炳感受着的自然之秋,也是他的人生之秋,该有满足中的感慨,更有遗憾中的愤懑。这是乐曲传递给听众的。不应拔高,不必夸大,只做国画技法的白描和点染,即足矣。

我依循了王健老师用的韵,有些意境与王健老师的词接近,或许应该说是与阿炳的心境接近。如:王健老师的第一句是"听琴声悠悠",我写的是"悠悠琴声",纯粹的白描起笔。

一稿写出,交王燕验收。她给我分析了合唱版的结构,按此结构,提了点意见。我又做了一次较大的修改。个别地方未改,一是改不动了,二是我觉得可以解释得通,姑为一家之词吧。

这样的写作,应当说是感受的成分多于创作,而想象的思维又不能逾越阿炳的这首乐曲。其过程,其实就是对阿炳心迹的探寻。所以,我在填词和自己哼唱时,眼前总会晃动出阿炳的身影:破礼帽,旧长衫,黑眼镜遮着三十五岁时因病失明的双眼,遮不住的愁绪和倔强充溢乐曲其间⋯⋯

据说阿炳演奏这首乐曲时尚无此名,是杨荫浏先生为阿炳录音时添加了曲名,也算是创作上再加工的一个痕迹。作为童心合唱团这台音乐会的策划人之一,我顾虑有一些观众未必能接受在拙作基础上演出的《二泉映月》合唱版,特意邀请了八十七岁高龄的二胡演奏家张锐先生参加音乐会,在合唱之后演奏二胡版的《二泉映月》。此前和张老聊天时,才知道他在二十世纪七十年代前期来北京演奏的《二泉映月》,已是他整理过的一个删节版了。他曾为这个曲子写了一首《浪淘沙》:

小巷更漏残,步履蹒跚。
破衣不耐风雨寒。
乐音颤抖心凄切,沦落江南。

二泉新月弯,魂系惠山。
人生旅途多艰难。
琴弦已断路未绝,风送孤帆。

我为《二泉映月》所填的歌词,是我理解的阿炳的心迹。歌词是这样的:

悠悠琴声,对冷泉,秋意稠,水中月影映寒楼。
秋月当头,秋风萧瑟吹得长衫透。
月光下,鸟儿无语花不秀,泉水无声鱼不游。

孤独人,心绪茫茫随那琴声走,
唱着人生风雨几度秋,人到黄昏万事休。
月如钩,敢问月儿可知人间几多愁?

叶知秋,经历了春到秋,往事堪回首?
月在水中留,阴晴圆缺都是美梦,人生曾似激流。

琴声悠悠,情最长久。
琴是心声,琴是醉心的美酒。

情是红叶，情是月儿水中留，情是离人心上秋。

离人心上秋，不怕人说为情愁，愿那水中月儿羞羞长此共相守。

琴声悠悠，情最长久，水在长流。

秋风萧瑟，秋叶寒透，秋月水中游，水中走，水中留？

二泉映月，唱着天凉好个秋，唱得忘了愁……

萧军《言志》诗言志

作家萧军的墓地在北京的万安公墓,不算是格外醒目,但还不难寻到,因为公墓内有路牌索引。他活到八十一岁,一九八八年六月二十二日去世。这是一个硬汉子,铁骨铮铮,死不服输。他的身子骨一直不错,少年时即已习武,晚年仍天天练剑,从这一点说,八十一年的生命,于萧军似乎仍嫌略短。他最后患的是贲门癌,人又固执,不肯及时进医院,以致延误了治疗,中医和气功医治双管齐下,也未能保证他多活几年。另一个致命的原因可能是吸烟,他烟瘾甚大,抽劣质烟多年,后来直接改雪茄,大概很早就埋下了病根。

萧军的墓碑与附近的墓碑无甚区别,碑上嵌着他和夫人王德芬的合影,是那种烧瓷的照片,照相的拍摄地点应该就在他的故居"海北楼"一带。所谓"海",准确说是京城中的一条水道,自西北向东南入城,按段分为后海、什刹海(前海)、北海和中南海。萧军的故居位于后海北岸的鸦儿胡同,普通的民居,二层小楼,以"海北楼"称之,字面上多了些诗意,或许那就是萧军眼中的诗意。习武与写诗这一武一文，陪伴了萧军的一生，最后，他以自己的诗为自己盖棺。在他那不过一平方米的墓穴上，嵌着一块黑色的大理石，上面刻着他自己书写的《言志》诗。我没有查到这首诗的写作年代，据萧军在他的文学创作五十周年大会上讲，此诗是少年时当兵以前写的，那该是他十八岁以前的作品了。墓穴上的字是萧军一九八五年七月二十日书，诗后注曰："此五十年前所为故诗也。"依此推算，又可能是十八岁以后的作品，但从创作到引述，纵跨半个世纪以上的岁月，足以够得上称为历史了。萧军少年时写这首诗可以说是言志，晚年回头看去，居然历一生之久而初衷未改，且概括得非常准确。他的人格魅力与他的早年志向得到了相互的印证。

墓穴上的《言志》诗写道：

> 读书击剑两无成，空抱韶华误请缨。
> 但得能为天下雨，白云原自一身轻。

少年萧军的读书习剑与他的从戎生涯其实并不矛盾，尤其是读书。受骑兵营中一位文书上士的影响，萧军的旧体诗和文言文写作已渐具水准。他的习武始自十岁左右，这与他的生活环境和启蒙教育有很大关系。功夫在身，他的志向逐渐坚定：杀贪除霸，擒敌灭贼，后来又融入了对国家兴亡的忧患。有诗道："祖国兴亡能不问，同胞疾苦岂无闻？谈今论古求真理，誓将丹忱逐日新。"他的感受和他的行动，颇有顿悟出"枪杆子里面出政权"而愧觉读书无用的味道。但一个少年，胸中怎么能生出《言志》诗后两句的那种坦荡、坦然的远大抱负，我就不得而知了。我只从许多资料中了解到，为了这两句诗，萧军付出了长达近三十年的沉重代价。

他的从戎生涯，自进吉林卫队团骑兵营当见习上士开始，两年后应招成为东北宪兵第二营学兵，不久又成为东北陆军讲武堂第九期候补生。拳头里面出正义，这应该说是年轻的萧军在军队期间形成的朴素辩证观。他十九岁那年，有一天在街头吃西瓜，见到一警察正痛打一车夫，而后还要罚车夫跪地示众。萧军看不下去，一扬手，瓜皮就甩在那警察脸上。警察恼怒，过来就要打这个身穿便装多管闲事的人，又被萧军一个扫堂腿踢倒在地。萧军被扭送进警察局，几个警察上来都不是对手。同伴赶到，说明身份，才止住一场厮打。事后，萧军感慨道：社会上不公平的事出现了，就要管，就要打；管不完，打不完，就继续管，继续打。

几年后，萧军在讲武堂临近毕业，又撞上一件步兵队队长打炮兵队同学的事。他上前制止，对方不听劝阻，还要打他。他忍无可忍，抄起铁锹就向对方头顶劈去。若不是有人推了他一把，对方肯定早成了他的锹下鬼。这次主持正义招来的后果是萧军被开除学籍，但很快就有人聘他到东北宪兵教练处当了武术教官。

萧军的朋友们还记得他一九三六年与某人决斗的事。那是鲁迅去世之后，萧军和萧红带着三份倾注了鲁迅心血的刊物来到鲁迅墓前，以焚化刊物表达了他们对鲁迅的悼念。此举被他人看在眼里，几天后出版的《文化新闻》报刊出了讽刺萧军是鲁迅孝子贤孙的文章。萧军气冲冲地找上门去，质问是谁写的文章。一个姓马的承认是他写的，萧军态度明确：我没工夫写文章回答你，我们打架去，如果我打败了，你们可以继续随便侮辱我；如果你们败了，再写此类文章，我就再来揍你们。"你们"是两个人，除了姓马的之外，另一位就是张春桥,萧军的小说《八月的乡村》问世后,他以"狄克"的笔名发表的针砭文章《我们要执行自我批判》曾轰动一时,鲁迅为此写了驳斥文章《三月的租界》。

萧、马决斗,聂绀弩和萧红是前者的见证人,张春桥是后者的见证人。双方商定用摔跤分胜负,两次交手,马都被萧按倒,萧还在马的头上捶了几拳。若不是法国巡捕到场驱散,他们是定要接着摔第三跤的。

当然,仅仅凭拳脚交加是不能解决所有问题的,有文字记录的萧军的一次挨打,就很令人替他担忧。这是作家管桦写下的亲见:

> 一九六六年八月二十三日,红卫兵冲进北京市文联大院,揪出苟慧生、侯喜瑞、老舍、端木蕻良、骆宾基等几十名艺术家、作家的时候,混乱的人群里,我见一个人,仰卧在地上,挺直身子,双手保护着自己的头,承受一群红卫兵的无情鞭打。当我知道这个人就是萧军时,由不得贸然高声喊道:"同学们,要文斗,不要武斗!"话没落音,几个红卫兵手提皮鞭,粗脖子瞪眼朝我走来。文联的同志们往上一涌,把我掩护在拥挤的人群里。从那以后,我常常隔着玻璃窗,惊奇地看见刚刚被批斗过的萧军,在文化局后面的小院里,穿一件宽肥的灯笼裤,挥舞着木头宝剑,旋身、踢腿、锻炼身体。在悲哀与眼泪的世界里,他那有齐唇短胡子红润丰满的脸上,看不出烦恼的痕迹,也看不出揩抹不尽的哀愁。

管桦记下的这个日子,是"文革"中北京的作家、艺术家蒙冤受辱最惨重的日子,几天后,老舍以走进太平湖表示了他无声的抗争。萧军是不会选择这种抗争方式的,在一次演讲中,我亲耳听他讲到"以必死的信念活

萧军墓诗碑

着"。真要为萧军庆幸,假如他不是只护着自己的头,假如他稍有反抗——那时他虽年近六旬,还是有这个抗争能力的——更悲惨的后果,可想而知。

不仅是管桦,还有不少人都撰文提到过那段黑暗的日子。这类文章读多了,我就有一种难解的困惑:那些红卫兵到底姓甚名谁?他们现在都在干什么?怎么就没有其中的任何一个人肯站出来,写写自己当年打人的经过和心态,对自己的行动有所忏悔呢?!我不是要他们承担那份历史的责任,但我觉得作为一个"人",这点忏悔精神是必备的,这是人格的一种完善。忏悔,未见得非要写文章公开发表,此刻,我信马由缰的思绪中忽而冒出一个念头:某日某时,萧军的墓前出现了一个不明身份的中年人,看不清他的面孔,只见他悄悄在萧军墓前放下一捧鲜花,然后凝视着墓碑沉思片刻。旁人或许以为他是逝者的后人、朋友,只有他自己心里清楚,他是来忏悔的……

萧军是一个沉重的话题,也是一个历史的话题,六十年前的这段时间,他的另一段重要经历也值得一说。

一九三八年三月,萧军初到延安,就引起了毛泽东的注意,这与他既是鲁迅的学生,又是《八月的乡村》作者不无关系。毛泽东先派秘书到边区招待所看望,后专程登门见面,请萧军和聂绀弩、丁玲吃饭。

晚年的胡乔木曾谈道:毛主席当时比较赏识萧军。后来萧军的观点与党的观点有距离。延安文艺座谈会召开时,萧军第一个讲话,意思是说作家要有"自由",作家是"独立"的,鲁迅在广州就不受哪一个党哪一个组织的指挥。我忍不住反驳了他……当时对萧军斗得相当厉害,搞到不让他吃公粮。这个人很倔强,他就住到延安东边的一个孤孤单单的房子里,自己搞生产……对萧军问题的那种做法是不对的。(见《胡乔木回忆毛泽东》,人民出版社一九九四年出版)

一九四五年萧军去东北工作。

对他来说,此后东北几年的工作更加沉重。在哈尔滨,他担任了《文化报》主编兼鲁迅文化出版社社长。一年后,这份很有影响的报纸被新创办的《生活报》彻底批倒。两张报纸涉及的主要观点既不是"文化"也不是"生活",东北局所做《关于萧军问题的决定》中,给他扣上的罪名相当吓人——诽谤人民政府,污蔑土地改革,反对人民解放战争,挑拨中苏友谊。萧军被撤职下放,到抚顺煤矿当了个工会资料室主任。

他这个主任没有只坐在资料室,下煤矿成了他的第一工作,如果不是这样,他从东北来到北京以后,就不可能写出长篇小说《五月的矿山》。那时冯雪峰是人民文学出版社的社长,他不敢贸然出版萧军的著作。萧军连书稿带信径直送到了中南海,呈递党中央,半年后得到中央文委复函,说萧军的作品可以出版,《五月的矿山》等作品才由人民文学出版社出版。

一九八〇年四月二十一日,中共北京市委组织部和宣传部专门发了一份《关于萧军同志问题的复查结论》,肯定他"拥护中国共产党,拥护社会主义,是一位有民族气节的革命作家,为人民做过不少有益的工作"。还指出,一九四八年东北局的那个《决定》"缺乏事实根据,应予改正"。

我只见过萧军一次,就是前面提到的他在北京师范学院的演讲,大约在一九八〇年前后。七十多岁的老汉,给我的第一印象是气壮如牛。他不用讲稿,思路清晰,非常坦率。

两年前，我收拾弟弟留京的存物时，翻出几幅名家的书法，其中最大的一幅竟是萧军的手笔，那是给新创刊的《农村青年》杂志的题词。他在四尺对开的宣纸上题道："把现代的科学、技术、法律知识，传播、实践到农村去，这是青年同志们头等的大事！"落款日期是一九八七年四月二十一日。不久前，在一次文化活动中遇到萧军先生的公子萧鸣，经友人介绍，他递给我一张名片，上面印着"中国萧军研究会会长"的头衔。不是正式谈话的场面，友人在旁一再提到萧军，总不能一点呼应都没有，我就说到手边的这幅萧军的字。萧鸣愣了一下，问我是怎么得到的，然后说：好好留着吧，我父亲这么大幅的字，我们手里也没有几张。

假如不是二〇〇二年三月三日在万安公墓很偶然地见到萧军的墓，我完全可能把这有限的一点接触永远藏在记忆的深处。偏巧，一星期后，我在书店买到一本一九九七年出版的《聚讼纷纭说萧军》（秋石编著）。这本书的印数只有三千册，已经卖了五年。书中有一幅萧军一九八七年在澳门拍的照片。恰巧，买过书两天后我就到了澳门。抽空读完这本书，不由得勾起我那一点点记忆，觉得也应该写写我对萧军的认识。诗中读萧军，我最赞赏的正是《言志》诗后两句传递出的那种精神境界，我多么希望有更多的人都能记住甚至喜欢这两句诗——

"但得能为天下雨，白云原自一身轻。"

二〇〇二年三月十六日　记于澳门豪璟酒店
三月二十六日　改定于北京三塔寺

呼兰河畔说萧红

我是在隔了二十年的时光后再次来到呼兰的。从哈尔滨到呼兰，这次不用坐火车了，笔直的公路穿过平原，不到一小时，车就停在了呼兰县城内萧红故居的门前。院里有一尊白色的萧红坐像，一手托腮，凝神思索的样子，那眼神深邃，也坦荡。故居的五间正房是一九八五年修复的，里面陈列着各种版本的萧红著作、能搜集到的萧红照片和她少年时用过的物品。照例有解说员在介绍萧红的生平，我却偏要自己去看那些物品和文字，自己去嗅当年的气息。正房有门通向后园，从幽暗的屋里走进灿烂的后园，就像是从囚室骤然走进乐园。满眼的植物，满眼的绿，高的树，矮的菜，半高的灌木，点缀着数颗或青或红的果子。故居门口有多种相关的书籍，任我挑选，不像二十年前，在呼兰县城里唯一的书店，只买回一本萧红的书。这次一行人中，我买的书最多，有三辑《萧红研究》，诗集《怀念你——萧红》，传记小说《人鸟低飞——萧红流离的一生》，还有为纪念萧红九十诞辰发行的明信片，都是别处买不

萧红墓

到的。

离开故居,我们到县城边的西岗公园,拜谒了萧红墓。萧红纪念碑和萧红墓是一九九二年修建的,那是萧红去世整半个世纪的年份。一块八吨重的巨石,经过加工,雕成了书状的纪念碑,碑上镶着萧红的浮雕头像。墓是前棺后碑的传统样式,碑上"萧红之墓"四字为端木蕻良所书。墓中只葬有端木蕻良奉献的一缕萧红的青丝。萧红一九四二年病逝后葬于香港浅水湾头,诗人柳亚子、聂绀弩等均有凭吊之诗,但给我印象最深的则是诗人戴望舒写于一九四四年十一月二十日(学者陈子善先生对这个日期小有疑问)的那首《萧红墓畔口占》:"走六小时寂寞的长途,到你头边放一束红山茶,我等待着,长夜漫漫,你却卧听着海涛闲话。"一九五七年八月,萧红骨灰迁运到广州,重新安葬于广州银河公墓,港、穗文化界为此分别组成了"迁送萧红的骨灰返穗委员会"和"萧红同志迁葬委员会"。按萧红自己的遗愿,她是想葬在上海鲁迅先生墓旁的,她没有想要魂归故里,从她离家出走那天起,她就成了张家的叛逆。身后五十载,家乡人民曾想把她的骨灰迁回故园,因手续繁杂,这一愿望至今未得实现。

在呼兰半天的参观,由刚刚卸任的萧红纪念馆原馆长孙延林全程陪同。近二十年来,他以全部精力投注于萧红故居的建设和萧红研究,前面提到的《萧红研究》和诗集都是他主编的。午餐时,孙馆长以歌助兴,歌是他自己创作的,歌声中充满了对呼兰的祝福。

车过呼兰河,我要求停下来,让我到河边走走。二十年前的足迹,不会找到了,二十年前的往事却记忆犹新。那年我是和女友同来的,我们一起走到呼兰河畔,看到赤身裸体的孩子们在河中嬉戏。我们都是萧红的崇拜者，她对萧红的热爱似还在我之上。看着弯过县城边的这条河，我们恍惚觉得它似乎也是浅水湾。我又一次走到河边，把手伸到水中，让这养育过萧红的河水，也给我一点点滋润。

回到哈尔滨，人仍难静下来，我新结识的几位朋友都住在这座城市，都与萧红有丝丝缕缕的联系。张抗，萧红的侄子，北方少儿出版社的高级编审；冯羽，《哈尔滨日报》摄影部主任，牵牛坊主人、画家冯咏秋的后人；里栋、金伦夫妇，革命艺术家金剑啸烈士的女婿和女儿。里栋专门带我去看了当年萧红落难的东兴顺旅馆、萧红和萧军一同居住过的欧罗巴旅馆、金剑啸和萧红画海报的电影院、萧军工作过的《国际协报》旧址，还有留下萧红骨血的那个医院。在金伦阿姨家做客那天，恰为其父殉国六十六周年忌日，我意外地得到她送我的一本《哈尔滨革命旧址史话》，在我的恳请下，几位在场的朋友都在书上写了一句话。吾师戴鹏海教授所书分量最重，云：饥寒历尽雄心老，未许人前摇尾生。录萧军绝句与蒋力共勉。

那本萧红传记小说的作者王小妮，我也是认得的，这些年没有联系，所以不知她写了这么一本好书。萧红传记已出过数种版本，其中也有几本出自女作者之笔的，这可能是小妮的这本迟来的传记小说未能产生更大影响的一个原因。我很快就读完了这本书，我感到它的特色是以女人之笔、诗人之笔、东北人之笔、动情之笔写萧红，这几笔恰恰是他人之作所不及或不具备的。

几年前看过田沁鑫导演的话剧《生死场》，这几天徘徊在我脑海中的萧红却总是一个歌剧的形象，甚至出现了一些场景的构思。像《艺术家生涯》的第一幕，那是在牵牛坊；像《茶花女》的最后一幕，那是在香港的医院。这构思已入梦,入我被萧红萦绕着的秋梦,或许这梦会在下一个春天发芽?那么,我的这次再谒萧红就不仅仅是凭吊了。

二〇〇二年参加哈尔滨之夏,方有此行

补记:

七月,入伏的日子,看校样间隙,翻阅黄成勇《幸会幸会,久仰久仰》(山东画报出版社二〇〇五年初版)一书。读到《呼兰书事》这篇时,顿生感慨。黄文开篇曰:去了一趟呼兰,却得先说说广州。成勇兄说到在那之前四年去过广州的银河公墓,顺利地站到了萧红的墓前,还想起香港诗人何达的诗《送萧红》。

我没去过银河公墓,只见过极不清晰的萧红墓的照片。我听过何达的讲座,我也有他的诗集,但我竟然没注意到这首诗。抱定要写《萧红》剧本的打算后,我去过香港的浅水湾,留下的只是怅惘。成勇与我,似乎是兵分两路——他奔广州,我赴香港,然后呼兰汇合,在那里集体行动——连在萧红纪念馆拍照的位置、购买的图书都惊人地一致,又分头行动——我去了呼兰的萧红墓和呼兰河。兵分两路与分头行动的理由很简单,那时的黄成勇和我还不相识,萧红则是我们共同的崇拜对象。

今在武汉,忽而想起,这里也是萧红经历中的一个还算重要的城市呢,但只怕是没有可以去凭吊她的地方了。

二〇二二年七月记于汉阳鹦鹉洲

沈湘的笑脸

声乐教育家沈湘教授的骨灰安葬在北京八宝山公墓内，树葬。所谓树葬，即把骨灰葬于一棵树下，没有墓，或者说，树成了另一种样式的墓，墓碑立于树前。这树，除了绿化环境、净化空气之外，也就多了一层人文的意义。近二十年来，我年年要去一次八宝山扫墓，进大门后两旁的墓地、革命公墓内的骨灰室，都是早已存在的，后来眼见着增加了骨灰墙，再后来增加了一片墓地，又出现了树葬。李先念、陈云、彭真等老一辈国家领导人都是树葬，沈湘先生的墓就在他们旁边。一九九四年十月十七日，沈湘先生骨灰安葬仪式在这里举行，一个月后，我在中央音乐学院内部发行的《音院信息》上读到音乐理论家田青撰写的碑文。全文如下：

近人多以音声为小道，然古之华夏，以"礼乐之邦"自诩。《乐记》云："唯乐不可以为伪"，人亦如是。沈湘教授，生于津门，殁于京都。青年时即以歌名世，享誉津沪。一九四四年，因拒演为日寇募捐之音乐会而

沈湘墓

被上海音专开除。凛然正气,贯其一生。虽多坎坷,幽默达观处逆,宽恕忠厚待人,多思敏学求艺。爱国爱人爱艺之心,终生不变。教授声乐凡四十六年,高徒如云,名满天下,异邦学子,慕名远求。斯人虽去,余音不散。古人云:"大乐与天地同和。"诚斯言也!

这份小报我一直保存至今,只为这篇言简意赅的碑文。

约在四五年后,我才注意到这片树葬墓区,并为沈湘先生的墓碑拍了照片。

那是一棵粗壮的柏树,可观的树冠遮出一大片阴凉,树的周围有一圈石栏,三层石阶上矗立着不到一人高的墓碑,坐西朝东,迎着朝阳。墓碑正面刻着"音乐教育家沈湘教授　一九二一——一九九三",下面是抱琴(Lyre,最古老的弹奏乐器)和橄榄枝的浮雕,背面即碑文。

沈湘先生骨灰安放仪式之后三天,即一九九四年十月二十日,梁宁独唱音乐会在北京海淀剧院举行,音乐会是成功的,但音乐会幕后的事情却令人尴尬。那些年,文化人办公司渐成风气,然无本钱,只有无形资产,只有创意,是做不成什么大事的。纪念沈湘教授的系列活动,由中国音乐研究所下属的北京乐发文化科技公司创意并承办,赞助经费的不到位,使这项活动僵在了半途。在为音乐会召开的座谈会上,承办方披露了他们的苦衷,众人为之慨叹,又拿不出好办法之际,北京音乐厅的演出业务部负责人凌紫宣布:音乐厅正在筹划沈湘学生纪念恩师演唱会,演出时间是十一月十日。

音乐界的种种纪念活动,经费来源无非是官方拨款或自筹,这台纪念音乐会属于较早出现的第三种方式,它把自筹与票房收入连在了一起,把宣传沈湘先生的成就、学生们的知名度与票房连在了一起。这种方式只是一个偶然,算是特殊情况特殊处理,类同"空城计",可一而不可再的。我还保留着这台音乐会的节目单,看看演职人员的阵容,就知道当时曾动用了多少力量,以及沈湘先生在音乐界的影响之大。

演员(按出场顺序):圣约翰大学校友会合唱团——一九四一年,在燕京大学英国语言文学系读书的沈湘,因日本人占领北平和学校,而离开,去上海进了圣约翰大学英文系。几十年后,他和老校友们聚会时,必要一起唱的就是他们的校歌《光明和真理》。王霞、赵登峰、袁晨野、关牧村、殷秀梅、程志,或有一定影响,或难得在音乐会舞台上露面,大都属于有票房的歌唱家。钢琴伴奏者黄小曼、陈以新、许红、钱致文、李延,都是一时之选。下半场的伴奏乐队是总政交响乐团,徐新指挥。为保证排练质量,殷秀梅个人掏出了一万元,支付乐队排练费用。特邀主持人金铁霖,沈湘先生的高足,辈分则在众位演唱者之上。

总策划凌紫,能力不小、能量很大的一位女士。顾问李晋玮,沈湘教授的夫人,也是著名的音乐教育家。舞台监督王熙,北京歌舞团的老团长,经验丰富。音乐会撰稿赵世民,中央音乐学院研究沈湘的一位奇人,他写沈湘的几篇文章汇编,印了三百份,音乐会前不到二十分钟一售而光。设计王廷英,中央乐团业务室工作人员,他为音乐会所作的大幅画像摆在了音乐厅的前厅,吸引了所有入场者的注意。

这份名单之外,还有不少应该记下的名字,他们都为这台纪念音乐会做了大量的工作。我想特别提一笔的是李德伦先生。音乐会开场前,他首先登台,讲述了他与沈湘的交往,特别提到一九六二年在这里举办的沈湘独唱音乐会,那是两位老友在艺术上的一次重要合作。

我生也晚,一九六二年才四岁,不可能进音乐厅去听音乐会,不可能完整地领略这位男高音歌唱家的声音魅力,我只从广播中听过沈湘先生唱的电影《夜半歌声》中的主题歌。我与沈湘先生勉强地说,仅有过一次接触,时在一九八九年三月十日。之前,我曾几次约指挥家陈佐湟先生,想采访关于中央乐团的体制改革。当时,改革方案尚未出台,陈佐湟不便对记者透露什么,况且他正忙着歌剧《托斯卡》的排练和指挥。那天,我搭总政歌剧团专接指挥的旧上海牌轿车一起去天桥剧场,车上,陈佐湟和我谈到乐团的经费、演出季、亚洲主要乐团的现状。车过中央音乐学院,沈湘先生上了车,坐在副驾驶的位子上,和我握过手后,任我们继续交谈。忽而,他回过头说"大点声,大点声",显然是很感兴趣于我们谈话的内容。陈佐湟顺势问道:"沈先生,中国应当有个亚洲一流的交响乐团,这算不算大话?"沈湘沉吟着,我等待着他的回答,可是,我没有听到。

十多年过去了,当时的情景我仍记忆犹新,对沈湘先生的了解也远胜过当时。那时,尚属"少壮派"的陈佐湟,正处于雄心勃勃欲展宏图之际,而沈湘先生则是每次"运动"必整之的"老运动员",刚刚有了一点正常工作的可能,他能对事业、前途抱多大的企望呢?我在那年写的《敢有歌吟》一文中有这样几句话:"时近黄昏,正是下班之际,马路上人来车往,拥挤不堪。谁会注意到,一辆已经不入时的上海牌轿车,依旧在穿梭般的路上紧张地奔驰?谁会注意到车内两位中国艺术家的神色?更不要说他们此刻的心境了。夜色渐渐降临,那首'为了艺术为了爱情'的著名咏叹调的旋律,正在他们心头渐渐响起。"

一九九七年四月，我帮助指挥大师李德伦先生整理书稿的过程中，重新修改了他写的《怀念挚友沈湘》（此文收入《交响人生》一书，东方出版社二〇〇一年出版）。李、沈二人神交已久，各居京津。一九四〇年，日本男高音歌唱家藤原义江在北平新新剧院开音乐会，两人前后落座，谈起对藤原的看法，竟相当一致，互通姓名，才发现彼此早已相知。后来相继去上海读书，两人都是黄宗江的朋友，经常在黄家见面。一九四四年沈湘在上海兰心大戏院举行独唱音乐会，被媒体评价为"优秀的男高音歌唱家，中国的卡鲁索"。李德伦也是那次音乐会的参与者，做了很多跑前跑后的杂事。两人分手四年后，重逢于即将迎来北平解放的清华园。沈湘既教书，又经常参加演出，那是他的声音最辉煌的时期，没有人能像他唱得那么好。李德伦非常感叹地说："他为这个世界留下了他能留下的成就，也留给这个世界很多的遗憾。以他不可多得的歌唱天赋及横溢的音乐才华，他应该早为世界所知，他应该在舞台上展现他的歌唱艺术的魅力，他应该早在几十年前就为祖国争光……在他歌唱艺术生命的鼎盛时期，他被那个莫须有的罪名——'特嫌'给毁了，时光从无数次审查的岁月中无情地流失了，这难道不是我们的遗憾吗？"

然而，沈湘是豁达、乐观的，因为他挚爱他的事业。李德伦记得"文革"中沈湘曾对他说过：不让我上台演唱，我还可以教书，如果有一天书也教不成了，我就去做嗓音医生，给别人治嗓子。

庆幸的是，沈湘没有被逼到最后一步。在生命的晚年，他带着学生，一直向声乐艺术的巅峰攀登，迪丽拜尔、梁宁……他指导出来的一个个出色的歌唱家，走向了更广阔的舞台,他看到了自己的才华和辛劳凝成的累累果实。在梁宁独唱音乐会上,吴祖强先生致辞时说:"沈湘的笑脸正面对我们。"是的,留在我印象深处的也是沈湘先生的笑脸。

二〇〇二年二月二十五日

陈从周与南北湖

陈从周先生是古建筑及园林艺术领域的一代大师，生前为上海同济大学教授。二十年前我欲编一册"名家题画诗选"，曾冒昧致函陈先生索诗，竟得先生复函，并录其诗数首。书未编成，陈先生的手示也不知被我掖在何处了。二〇〇三年春，我在浙江嘉兴住了月半，最后一日得暇，游览海盐县的南北湖，想不到在那里见到了陈从周艺术馆和院内的陈从周墓。

南北湖距海盐县城十余公里，北靠澉浦镇，南濒杭州湾，有山有水。山不算高，却是层峦起伏，山上遍种桃、橘、杨梅和茶树。眼下绿映桃红，想象中杨梅和橘子成熟的季节，景色当更妖娆。湖上有墩，湖正中有一长堤，湖畔农家星罗棋布，恰好起到点缀作用，正是一种有节制的美。这个风景优美的地方，旧时曾有"小西湖"之称。

行至长堤尽头右折，穿过农家，略上缓坡，左手竹丛中即见相邻的三栋黛瓦粉墙的建筑。迎面一栋曰"载青别墅"，曾是嘉兴名人、民主革命先驱者褚辅成的儿

陈从周墓

媳朱氏家族的房产。二十世纪三十年代，褚辅成先生借此地掩护过在上海暗杀日本军官的韩国临时政府国务委员金九，现辟为纪念馆，称"金九避难处"。二〇〇二年末，嘉兴市文化局据此故事创作了话剧《血火情深》。第二栋是黄源藏书楼，收藏着海盐出生的老作家黄源捐赠的数千册书籍，并有黄老的生平业绩及部分物品展览。楼外一角是刚刚修葺的黄源墓。第三栋就是陈从周艺术馆，是在陈先生去世次年建成的。

　　三栋建筑或平房或小楼，外表风格大致类同，里面的设计当属陈馆为最，称为艺术馆，毫不逊色。展览内容以陈先生生平为走向，以其专业为重点，文、图、物相辅，还有陈先生与诸多文化名人交往的书画，可谓满目琳琅，重点突出。我边看展览边有疑惑：先生祖籍绍兴，生在杭州，逝于上海，为什么他的艺术馆会建在海盐南北湖这个地方呢？看到二楼的一处，我的疑惑找到了答案。九十年代间，陈先生到南北湖考察，深感此地的自然景观独树一帜，即向有关方面提出予以保护和文化开发的建议。未料，他的建议没有引起重视，当地村民盲目开采及捕捉鸟类的行为却已威胁到这方净土、这片净湖的生态平衡。无奈之下，陈从周径直上书中央领导人，后经中央层层批转指示海盐县政府妥善处理，并将处理结果上报。此后，南北湖风景区管委会成立，旅游开发摆上议程。陈先生的这封信及中央相关部门的批示，都陈列在艺术馆中，今日读来，仍发人深省。

　　看过这些，院内的陈从周墓，更不能不拜了，为了我对他的敬意，也为了南北湖。

　　墓的设计简练而大气，自墓而碑均是黑色大理石。方正的墓，方正的碑，碑上是一尊青铜雕塑的胸像，着中式服装，面部轮廓清晰，颇有丁聪笔下文化人的神韵。

旁边的粉墙上还嵌有一块黑大理石，刻着《梓园记》：

海盐南北湖集山光水色涛声于一体。梓翁陈公从周师谓之比瘦西湖幽深，比西湖玲珑，能兼两者之长。南北湖胜景能完好保存，全赖梓翁。南北湖风景区管理委员会建此梓园，并命名为陈从周艺术馆，以纪念一代古建筑园林巨匠从周先生为保南北湖胜景之千秋功绩。此园之建筑设计为蔡达峰，装饰设计为吕永中，主持为陈胜吾和我。胜吾、陈馨二师姐为筹此园，数度越洋，对文化之挚爱，对陈公之孝敬，不可不记。辛巳年立春，弟子乐峰敬撰并书。

陈先生多年自称梓人，晚年改称梓翁，书斋名梓室。梓人，古代木工之一种，后世亦称建筑工人为梓人。以梓自称，可见其谦谦，然赵朴初则赞之曰"多能真见梓人才"。陈先生的著作有二十余种，我读过的计有《说园》《书带集》《园林谈丛》《徐志摩年谱》等，或当闲书，或急用先学，均有获益，有的篇章至今仍常复习。

南北湖之行，留给我最深的印象是：在那山水之间，可以再读陈从周。

钱君匋：钟声送尽流光

以书画家个人名义命名的艺术院,多在江南。数目几多?无从统计。生前身后,在相距不远的两个地方建有两处艺术院者,唯钱君匋一人乎?

二〇〇二年十一月二十八日,为助嘉兴市文化局创作田歌音乐剧《五姑娘》,我等一行到海宁遴选演员,当日的另一项行程是去海宁西山拜谒诗人徐志摩的墓。此生初到海宁,无从比较硖石镇今昔区别,以车代步,从海宁艺校到西山公园也就是十来分钟的路程。先见西山,继之见到山脚下的一处建筑,门外横碑,有"钱君匋艺术研究馆"字样,是乔石题写。我恍惚记得有一处钱君匋艺术院,是在比邻的桐乡,倒不知这里又有一处,心里想着该去看看,车子已绕到了公园门口。

西山不高,占地也说不上有多广,志摩的墓在一山窝处,凭阳光和时光判断,是坐北朝南的地势。我未按石阶小径前行,想抄近路,却走了弯路,途中见到另一座墓碑。记在心头,谒过志摩墓之后,才过去探寻,方知那就是钱君匋墓。

钱君匋墓

自关注文化名人墓地以来,我已仔细看过数十处有特色的墓,而此墓之别致,仍令我有无从描述之感。墓前的台阶,先是一组常规距离的,上去后又有一组平缓些的,主体建筑是呈"丁"字状的竖穴横碑,类同八宝山最常见的那些,却又有别,亦别于志摩的墓。简洁、大气,是它的主要特征。墓碑上只有"钱君匋之墓 赵朴初书"字样,墓穴前端刻着"一九〇七——一九九八",再无他字,也没有石艺上的雕琢。墓碑像是长卷,展立展示;墓穴像是大书,待从头阅读。两侧是矮于墓碑的石墙,仿若追随者列队而至,又似后来者难逾此艺术之巅。那么,就只能是高山仰止了。

再细观察,我发现这墓地的设计还有可品味的地方。譬如地面,固然铺石,又有半圈碎石围就的花边,如同书籍的装帧。平坦石面的一角,露出两块嶙峋的岩石,当是西山的自然原貌,也可见人工与自然的契合。更别致的是,碑后还有一碑竖向默立,这寓意我就琢磨不透了。两面都有碑文,一一记下。刻在正面的是:

钱君匋(1907—1998),祖籍浙江海宁,出生于桐乡居匋镇。著名艺术家、音乐出版家。1923年入私立上海艺术师范学校攻读图画音乐,师从丰子恺、吴梦非、刘质平先生。1927年任浙江艺术专门学校图案教授,同年任上海开明书店音乐美术编辑。抗战时期在上海创立万叶书店任总编辑。建国后历任新音乐出版社总编辑、音乐出版社副总编辑、上海音乐出版社副总编辑、上海文艺出版社编审、中国书法家协会上海分会名誉理事、中国美术家协会上海分会常务理事、上海文史馆馆员、西泠印社副社长、政协上海市委员会第三、四、五、六届委员等职。

先生艺术生涯七十余载，遍涉书籍装帧、音乐、新诗、散文、书法、绘画、篆刻、艺术理论以及教育、编辑、出版、收藏等诸多领域；艺兼众美，才情卓越，著述等身，造诣精深，尤以书画篆刻融冶古今，清雄劲健，自辟新境，享有盛誉。

先生年高德劭，一代宗师。平生以弘扬民族艺术为己任，一生奖掖后学，不遗余力；晚岁更以毕生节衣缩食所得之收藏奉献桑梓。道德风范，文采风流，烁耀艺林。

浙江省海宁市人民政府
公元一九九九年五月

我从这段文字中获知君匋先生在比邻两地各建一艺术院（馆）的原因：祖籍海宁，出生地桐乡，都是故乡，轩轾难分。另一原因当是先生收藏甚丰之故。

另一侧的碑文是黄宾虹先生为《君匋印选》所作序文，且依宾虹老人的书法原迹雕刻，更值得一录：

周秦古籀，汉魏缪篆，玺印文字，分朱布白，疏密参差，离合有伦。自李唐来，稠叠停匀，是为失之。宋《宣和谱》，惜已不传，元吾邱子行、赵松雪倡言复古，明罗王常鉴别精审，因顾汝修收藏，釐订《印薮》。文寿丞、何雪渔，时以篆刻名家。歙程穆倩、黄凤六、程让堂、巴予藉，以及西泠丁、蒋、奚、黄，后先竞爽。至邓完白、赵㧑叔，时称极盛。方今长江大河两流域区，古物出土，方兴未艾，时代蜕变，恢奇伟异，足供参考。君匋先生取法乎古，锲而弗舍，力争美善，克循先民矩矱而光大之，洵可知己。余乐而为之志。甲午秋日，九十一叟宾虹。

黄宾虹生于一八六五年，逝于一九五五年，甲午年为一九五四年，他写此文时的实足年龄也已八十九岁了。虽然对钱君匋篆刻艺术的评价只有一句，却是高度概括，高度评价，不含糊，也不糊涂。

三十年后，有心者编辑了一册《宾虹印谈》，作序者自然是非钱君匋莫属了。这篇序文很可玩味的是对前文做了进一步的阐述，对应读来最为有趣。此处该当引录的是钱君匋对黄宾虹篆刻艺术的评价：

近世绘画宗师黄宾虹老人，髫年即喜治印，功力深，所作少，为画名所掩。在沪期间，予常从之问难。老人亦时来寒舍，杯酒之后，作画谈艺，真知灼见，耳不暇接。年九十，序余印谱时，曾笑谓予曰："治印刀法犹书画笔法，聚全身之力于臂，腕活指定，大食中指并重，冲刀宜中锋直前，要留得住，新手可以名指按印角，防行刀浮滑，切刀则悬刃直下，要杀得清。其他刀法，名目繁多，乱人耳目，运用冲切二法既久，无法而百法生。巧易而拙原难。当精读史书，观摩名作，日习篆书，书中求印。胆识既备，自不会蹈袭旧作。弟其勉之哉！"良言在耳，忽忽三十年，艺海浮沉，深负长者期许，愧怍之余，百感交集，涕泗纵横，不知何以报先生也。

评说钱君匋这部大书，我力所不逮，只能说感受，想到哪儿说到哪儿。

一九九一年十一月二十七日，我在沈阳古籍书店的书画门市部买到了一本西泠印社一九九〇年出版的《钱君匋论艺》，发票夹在书中，扉页上记了句"时在沈阳开会"。此书书衣为君匋先生亲自设计，封面的宋体美术字显然是手书，而非印刷体。下面是占了三分之二面积的一方印，文曰：高歌一曲苍山翠。阴文，有气势。书脊处除书名外，有四枚"钱氏"阴文印，如一轴书法，有黑有红，有密有疏，夺人耳目。所论内容依次为装帧、篆刻、书法、绘画、往事及故友，有些篇章近年来屡收于多种专集或合集。

二〇〇〇年某月，柯文辉道长赠我一册《钱君匋艺术论》，线装书局一九九九年出版，非线装，为君匋艺术院丛书之五。前之一二三四为何内容，后面是否有之六七八，不知。此书内容分别为：午斋谈艺录、君匋艺术论、音乐佚文、论钱君匋、钱君匋年表。厚近五百页。

此次在海宁钱君匋艺术研究馆，见有相关书籍画册若干，选中两本。《钱君匋的艺术世界》为上海书店出版的一九九七年第二次印刷版，距前一版已隔五年，书中汇集了海内外人士的评介文章整整百篇。《春梦痕》为君匋艺术院丛书之三，上海书店一九九二年出版，是君匋先生的诗文选集。上述四册书中，此书最薄，仅二百余页。

四册书各有侧重，又没有长篇论述，所以读来并不费劲，特别适于我这种性格闲散的人。其中不少掌故，或可择录一二。

君匋先生一生治印两万余方，可谓成果累累。不仅有一两厘米自乘的印面，还有不少巨印——大至十厘米自乘，他为刘海粟刻的巨印就有五六方之多。他所刻的边款也不同于他人，有的索性自撰长跋，所刻书体则有篆、隶、魏、狂草，此外还有写意花卉。七十年代君匋为画家朱屺瞻、王季眉治印"学到老"，印风苍劲郁勃，印章四侧系朱、王二先生手绘梅、兰、竹、菊小品，君匋镌刻。行家称其曰"金石刀法和书画笔墨融为一体，珠联璧合，弥足珍贵"。柯文辉称：钱君匋先生十八般"兵器"中边款领先。执意为他编就了前无先例的《钱君匋印跋书法选》。

君匋有一方印曰"无倦苦斋"，这是先生书房画室的雅号。他崇拜清代赵之谦（无闷）、黄士陵（倦叟）、吴昌硕（苦铁）三位大家，费力多年，收集他们的印鉴，件数均逾一百，遂取三家别号之首字组成"无倦苦斋"。未料"文革"刚一开始，即为此而被斗，原因是这四字与上海方言中的"无权可抓"读音相似，成了有政治野心的把柄。

君匋还有一印曰"丛翠堂"，他说这方印是取法赵之谦的，赵的印作生动活泼，风韵婀娜。手法上特别强调密不容针，疏可走马。他把"丛翠"安排在一行，求的就是密不容针的效果。我在观赏这方印时，注意的则是这个"翠"字。

君匋画中常见自题诗句，其中有曰："无花叶当花，飞翠射明霞。花绽无多日，叶青岁月赊。"又一个"翠"字。不仅叶可当花，这花还有动感，透出作者对"翠"之偏爱。据此或可推断，那"高歌一曲苍山翠"也该是他的诗句。

一九八七年夏，在莫干山避暑时，钱君匋书一巨大的"翠"字。据说是在一大厅内，纸铺地上，人站人字梯或带轮木板上，用拖把书就。这个草书的"翠"字后来刻在莫干山一处高达二十余丈的峭壁上，漆成绿色，既是对山色的概括，也成了山中一景。

约在二十世纪九十年代前期的某年，老柯先生悄悄送我一幅字，展开观之，竟是君匋先生题赠予我的，两个字:"滴翠",是汉简的笔法。上款处钤一印,曰"豫堂"。先生原名玉棠,别署豫堂,其含义为"凡事豫则立,不豫则废"。这是为我所有的"翠"了。

万花山上梅兰芳

很多年前就知道京剧大师梅兰芳先生的墓地在北京香山，却无从知晓准确的方位。二〇〇一年九月，读了孙小宁发在《北京青年报》的文章《香山名人墓地——灵魂的静穆与歌唱》，又勾起我的几多遐想。见到孙小宁时，我向她打听详细的路线，她竟说不出究竟，只说是朋友开车引路，如果自己再去，怕也找不到了。好在墓是不会飞的，即便欠保护，总会有遗迹可寻。于是，我在二〇〇二年初的一次爬"鬼见愁"之余，边走边打听，找到了梅兰芳先生的墓地。

于香山来说，万花山该是一座支脉，这支脉的尽头，就是梅先生的墓地。看上去，墓是近年新修过的，位于大山的环抱中，又仅占了大山的一角，那份谦逊的感觉，恰与墓地主人的为人相配。公路一直通到山脚，有规整的台阶，旁边是海淀区文化文物局一九九九年立的铭牌，写着：海淀区文物暂保单位　梅兰芳墓

这铭牌就不能不令人慨叹！我知道文物保护单位是有等级区别的，最高一级叫全国重点文物保护单位，其

梅兰芳墓

次是省市级，再次才是区级。梅墓当然不可能与秦始皇陵之类的皇家墓地相提并论，列为"全国重点"大概过于勉强，但仅仅算作区级（相当于活人的厅局级），还是个暂时保护，就有点不伦不类了。往好了说，既然列入文物保护单位，就属于保护对象，这待遇，已超过附近的马连良墓，山上的刘半农、刘天华兄弟墓了，算是有组织、有人管喽。但要是较真的话，我倒想弄清什么叫"暂保"？是不能、不会永保，还是将来有机会把那个"暂"字去掉？这"暂保"显然是区级中的等而下级，立在那里，并未给人多少欣慰。在我看来，梅兰芳这个名字就是一笔文化遗产、无形资产，就值得重点保护、永久保护！

沿台阶一路上去，就成了甬道，让人留意于它的原因，是这甬道上用鹅卵石铺成了数朵梅花的图案。甬道尽头即墓穴和墓碑，墓穴也是梅花图案，五片花瓣中，托起一方墓穴，那石料，该是汉白玉吧。墓碑是相同的石料，既简洁也素洁，干干净净，只有"梅兰芳之墓"这几个泥金的大字和标示着生卒年代的"一八九四——一九六一"。据说，这字是梅兰芳的好友许姬传写的。许先生自二十岁起研究戏曲，鉴定文物，最大的功绩是与梅兰芳合作完成了《舞台生活四十年》。

这篇文章只开了一个头，就搁笔了，一搁就是七八年。这七八年间，似乎又出现了几番"梅兰芳热"，貌似引领其热的，是陈凯歌导演的电影《梅兰芳》。然而，电影，尤其是故事片，总要"编"故事，以期冀其好看。人物传记片，想好看容易，想传真则难。电影《梅兰芳》亦不例外。在我看来，陈凯歌导演这部片子，下的功夫不会小于他的《霸王别姬》，但效果就是难与

《霸王别姬》比肩。虽说拍《梅兰芳》还动用了其公子梅葆玖做顾问,却也不似那意思。电影中,梅兰芳不像,齐如山不像,孟小冬一闪而过。脱离了这几点,这电影还有什么可看呢?唯一让我认可的一点,似乎就是电影中余少群扮演的少年梅兰芳了。

电影之前,还有一部叫《梅兰芳》的京剧。北京京剧院出品,却请了中国京剧院的头牌老生于魁智主演。不是说主角不能外请,也不是说不能请于魁智,问题是请他来演谁!老生来演梅兰芳,也太那个——间离了吧?虽说如此,我还是去长安大戏院看了京剧《梅兰芳》。这个戏里,我最认可的是胡文阁。最不理解的,是导演陈薪伊。当时陈导还不认识我,后来认识了,有过一次访谈,但我忘记问她京剧《梅兰芳》的想法了。

梅兰芳的人物传记也出了几本,有的还相当厚,我也买了,看不动,束之书阁,作为我可能属于浮躁的一面镜子吧。

看京剧《梅兰芳》那天,在剧场遇见我的恩师黄宗江。他早已声称"罢观"——不看戏了。腿脚不便,交通不便,耳朵不灵,即便是舞台上有扩音,对他也起不到应有的作用了。诸多不便之外,还耽误时间——看了戏后还要座谈、发言。看一个戏,前前后后就要占一个星期的时间。他说自己来日无多,还想给自己留点时间,还想再写点东西,包括剧本。但他对梅兰芳是情有独钟的,对陈薪伊也有衷情,不然,他不会让自家保姆曾嫂陪着他,从六里桥住地乘公交到北京站口的"长安"来看《梅兰芳》。说得稍远一点,他也不会让我陪他去探访梅兰芳墓,让我为他在梅兰芳墓、马连良墓前一一拍照。

马连良墓

宗江先生是把自己当作梅兰芳的私淑弟子的。此一淑字，字面、字意都与塾字有别。这些年，他写过电视剧本《寻梅》，丁聪为之配画，陈小艺和他主演；出版了电影文学剧本集《梅兰芳和马连良》。有先生在前，这样的人物，我还能写什么呢？我在宗江先生面前，是连这样的话题都不敢提的，往往都是他提起，我附和一句，再听他说深、说开、说远、说近。一席话远胜一堂课、一本书。这样的顾问，陈凯歌怎么没想到去请呢？

走题了。梅兰芳这个题目，请容我到此打住。

梨园——墓园

二〇〇〇年七月,我从一张报上看到华夏陵园的广告,此前从未听说过这个陵园的名字。颇有特色的广告词这样写道:"振兴京剧扬国粹,实现夙愿慰英灵",还强调这里已安葬了萧长华、姜妙香、王玉蓉、李万春、叶盛兰、张君秋数位京剧艺术家。那时我尚未拜谒过梅兰芳、马连良先生的长眠之地——万花山,对这么集中了梨园知名人士的一处墓地,自然有兴趣,找了个有车的朋友,我们一起去了一趟华夏陵园。

华夏陵园位于北京北郊的昌平县,这个县有一座天寿山,明代的十三位皇帝都葬在这里,故称十三陵,其中以定陵和长陵的规模及名气为最。华夏陵园所在地背靠元宝山,是天寿山的支脉。从风水角度看,此地依山傍水,负阴抱阳,藏风聚气,确是个长眠之地。但这陵园原本是一片果园,很长时间里循环往复着从生长到收获的过程,倒是它两侧的两处地方更有点说头。

西边的田野里有一座四柱三楼的石牌楼,仿木结构,钩心斗角,雕镂精湛。石柱头是四只两两对视的望天狨，柱上的对联"兰砌常绕和顺气，芝楣永护吉祥云"是道光皇帝在世时赐给恭亲王奕䜣的，希望奕䜣不要过于锋芒毕露的意愿跃然纸上，可见为父者是多么了解自己的儿子。这里后来成了恭亲王家族的墓园，但在二十世纪四十年代后期已被盗毁，除了这座石牌楼，只有三个墓坑了。据说，一九五八年修建十三陵水库，大坝上的汉白玉大字就是用恭亲王坟墓中的石料拼成的。

东边是有名的秦城，历史上是否有城？不详，人们都有耳闻的是坐落在这里的公安部秦城监狱。

左顾右盼之后，要说的就是华夏陵园内几位京剧艺术家的墓了。

萧长华先生的墓设计很简洁，碑上只有"萧长华之墓"几个字。萧先生是中国京剧艺术史上的重要人物，生于一八七八年，殁于一九六七年。据《京剧知识辞典》介绍，他以其表演艺术自然地成为二十世纪丑行演员的圭臬，且影响到生、旦、净等行当。揣摩人物无微不至，表现人物无神不具，以严肃、深刻的手法摹尽世态人情是他的主要特色。他刻画的人物入骨而不露骨，细腻而不琐碎，于诙谐中寓庄重，风趣中显深沉。他的嗓子高、宽、圆、亮，以飘摇无定的唱法，形成"生腔丑唱"特点。一生不以个人名义收徒，但在喜连成至富连成科班执教三十六年，晚年出任中国戏曲学校名誉教授、校长，教过的学生当以千计。

姜妙香先生的墓碑上刻着"先祖父姜公讳妙香、先祖母姜冯太夫人讳金芙之墓"字样。旁边紧傍的是弟子黄定墓，刻了两句话："生前感念恩师献上虔心一片，此后为偿夙愿永远随侍身边。"

姜先生（一八九〇——一九七二）工小生，与梅兰芳合作近半个世纪，他的演唱甜润清脆，流畅挺拔，博采众长且富于创造，发展了小生唱腔艺术，形成"姜派"，有"姜圣人"之称。

王玉蓉女士的墓碑上刻的是"著名京剧表演艺术家、戏曲教育家，生于一九一三年一月二十四日，殁于一九六四年六月八日，先母王玉蓉之墓"，碑左上方嵌有烧瓷遗像一帧。碑阴刻有以"王瑶卿学术研究会"名义撰写的碑铭：

> 著名京剧表演艺术家、戏曲教育家王玉蓉先生，生于上海，自幼从于莲仙先生学艺。后北上拜师，成为一代京剧宗师王瑶卿老供奉入室弟子，苦学不辍，尽得乃师真传。在她六十六年艺术生涯中，走遍大江南北，深受广大观众和同行的盛赞。继承和发扬了王派艺术，素有"铁嗓"之誉。她尊师重道，谦恭敬业，克己助人的高尚品德，获得人们的尊敬和爱戴。在戏曲教育方面，默默耕耘，培育出众多的京剧艺术家。她热爱祖国，酷爱艺术。先后担任吉林省京剧院副院长和吉林省戏曲学校副校长，是中国民主同盟中央妇女委员会委员，吉林省政协委员，北京市崇文区政协委员，中国戏剧家协会理事，王瑶卿学术研究会会长。

王玉蓉工青衣、花衫，嗓音高亢圆润，演唱清澈酣畅，以"铁嗓"著称。

李万春先生的墓，碑矗于墓上，四周一圈矮墙，红色，墙头嵌黄色琉璃瓦，碑顶亦如是。碑上刻的是"京剧宗师，慈父李万春之墓"。

李万春（一九一一——一九八五）工武生，少年时被称为"童伶奇才"。一九三三年创办鸣春社科班。戏路宽广，勇于创新，武功坚实，善于表演，武松戏与黄天

李万春墓

霸戏均有独到之处，猴戏亦擅长。

叶盛兰先生的墓是汉白玉墓碑，立于墓后，墓前有供案，四周有汉白玉围栏。墓碑上刻有"慈父叶盛兰之墓"字样，碑额雕龙，有篆额曰"流芳千古"。此碑最有特点的是以浮雕手法雕出八个京剧人物形象，四四相对，都是叶盛兰塑造的舞台形象。

叶盛兰（一九一四——一九七八）工小生，扮相英俊，气度大方，表演细腻，以气质内涵取胜，演雉尾生独具专长。他塑造的人物，以周瑜为最，还有罗成、吕布、梁山伯、赵云、陆文虎、许仙等。

近旁还有一墓，墓碑的碑文曰"华北戏院东主……李永立……之墓"。

以上诸位的墓都在陵园中路的东侧；西边，占地、规模、材料都超过诸位的是张君秋墓。墓基高有一米多，六级台阶，一律花岗岩石料，方碑，四周有围栏，碑前有供案。墓碑上有张君秋头像浮雕，有书法家米南阳手书的"张君秋之墓"字样。据陵园负责人介绍，此墓的修建耗资约一百五十万元人民币。

我对京剧艺术所知不及皮毛，不敢妄言奢谈，只就我所研究的这个课题而言，我认为这组陵墓的设计还不够理想化和艺术化。比较之下，张墓最豪华，萧墓最简朴，王墓文字稍嫌繁缛，李墓若同寺庙，叶墓最有京剧特色、墓主本色，碑额却有喧宾夺主之嫌。碑面文字中体现出家族的因素多，京剧和艺术的因素少。两种因素碰撞时，有些许矛盾。故人身上的文化含量未能尽量展现。戏班又称梨园，梨园这个概念的涵盖，后已延伸到戏曲界。华夏陵园是戏曲界人士相当集中的一处墓园，萧长华、姜妙香、张君秋都是创立了京剧流派的领衔人物，其他各位亦名声赫赫，故此，我称其为梨园墓园，似不为过。

君秋仍在

一九九九岁末某日,陪黄宗江先生去看戏的路上,宗江师问我:"这几天电视在播张君秋的专题片,你看了吗?"我从实招认:只看了不到两集,但看到了许多原来不知道的细节。那夜,翻阅宗江师的新书《戏痴说戏》,一下就翻到了《遥想君秋》这篇。此文当初在报上发表时,酷爱京剧的家父曾特意剪下,嘱我一读,还标出了文章中的几处错字,看得出来,都是编辑(即便是名编辑)的失误导致的。今夜重读,温习中竟勾出与君秋先生有关的点滴记忆。

宗江师的文章开篇即道:"遥想君秋当年,他十六七,我十五六……他在台上,我在台下……他是出师后首先在天津唱红的,在那时的中国大戏院。"效仿吾师思路,当这样起笔:遥想一九八六年,六十六岁的京剧大师张君秋先生,应时任天津市长李瑞环之邀,携老搭档刘雪涛,亲赴津门,督率天津青年京剧团进行"百日集训"。我那年整二十八岁,属毛头小子,在《中国文化报》当记者。受报社之遣,随当时的文化部常务副部长高占祥专程赴津,观看汇报演出,在天津干部俱乐部。

说来有愧,我那时刚入报社,侧重于编辑工作,尚不熟悉采访之道,对京剧也谈不上喜爱。那几日间接触的是明摆着可以上报纸头条的两个大话题:一个是李瑞环市长与高占祥副部长关于加强文化建设的专题对话,一个是领导主抓、专家指导、天津青年京剧团放手探索改革之路的典型事迹。由于我缺乏经验,抓不住要点,天津之行的报道很不理想。

那是我第一次见到君秋先生,此前,我对他的了解仅限于一出《望江亭》。"文革"中我家曾被抄过,抄剩残存的物品中,竟奇迹般地留下了数十张未被小将们看中的传统京剧唱片。样板戏盛行之后,父亲企望我偷偷学几段老戏的唱腔,最初放给我听的唱片就是《望江亭》。可惜,我只勉强学会了开头两句:"只说是杨衙内又来搅乱,却原来竟是这翩翩少年",很快就兴趣别移,改学"我正在城楼观山景"去了。此时得见君秋先生,我立刻想起这段往事。但这点没出息的小事是不值一提的,于是只有坐在一边,听君秋先生与瑞环、占祥二位堪称京剧内行的高层领导就集训剧目谈戏。君秋先生说话的语速既缓又稳,如同字字斟酌,绵软的声音中透出谦逊和诚恳。无论说话还是倾听,他的两手总是优雅地拢在腹前。我不失时机地为他们拍了照片,而今再看这照片颇有意思,当年三位的穿着,居然整齐划一,都是短袖白衬衫和灰裤子。

谈话是在白天,晚上看戏,整出的《四郎探母》。我不懂戏,但也看出那些青年演员们阵容整齐,功底扎实,表演自信自如,老师们的功夫显见没有白费。

此后有纪念徽班进京二百年的纪念活动,我随专家

张君秋墓

组采访，得以集中地看了一批老戏新戏，也偶尔在剧场里见到君秋先生，他总是抿着嘴客客气气地与周围的熟人一一打招呼。

我没有再采访过君秋先生。但我一直珍藏着那张唱片、那张照片。

大约是在君秋先生去世的次日，台北名编辑兼作家季季女士深夜打来电话，说顾正秋（京剧名伶）听说君秋先生病故，急于知道他家的电话，要去电话表示哀悼。此事亦可看出君秋先生在戏剧界（远及彼岸）的威望之高。

又是几年过去了。君秋先生主持的京剧音配像系列片仍在电视中播出，也会继续播下去。看这个节目时，总能看到君秋先生的名字，有时也能听到他的唱腔。宗江师是这个节目的忠实观众，他说："遥望九天，星空若水，君秋在！"

去年夏天我曾专程到昌平华夏陵园，拜谒了张君秋墓。自张墓落成后，京剧界已故名士萧长华、李万春、叶盛兰、姜妙香、王玉蓉的墓也纷纷或迁或建于此，构成一个特殊的梨园墓群。凝望着镌刻在墓碑上的大师头像，耳边似又隐隐响起他独树一帜的唱腔。此刻我也想说：君秋先生仍在！

盖叫天：江南活武松

暮春时节的杭州，我去龙井村，途中见一小山坡擦身而过，山上有亭，上书"学到老"。由此断定这是京剧武生泰斗盖叫天先生的墓。龙井村归来时，我特意在这个叫丁家山的地方停留，拜谒。

路边，几级石阶上去，就是岩石筑成的"学到老"亭，此亭状若门楼，又如牌楼，介乎似与不似之间，兼有了两层含义。匾上的"学到老"三字后面写着："英杰先生属　宾虹癸巳年九十"。艺术大师黄宾虹先生，长盖叫天二十三岁，逝于一九五五年，享年九十高龄，此匾该是他最后的墨迹了。悬于两边的对联是江南名画家吴湖帆所书，曰："英名盖世三叉口，杰作惊天十字坡。"这对联既工整对仗，又简洁概括，人名藏在句首，英杰；盖世、惊天，道出了盖老艺名的含义；《三岔口》与《十字坡》都是戏名，也是盖老的代表作品。岔与叉有相通的意思。一般写作岔。亭内，又有一匾一联，均为名画家唐云所书，匾上题曰："慕侠亭"。看来这才是此亭的正名。唐云的对联云："一代优孟允文允武，千秋绝艺如柏如松。"在此亭

盖叫天墓

的另一侧,悬挂着书法名家沙孟海书陈毅赠盖叫天诗:"燕北真好汉,江南活武松。"也很概括。据说陈老总的真迹原存盖老家,"文革"中遗失,估计是被毁掉了。

穿过慕侠亭,眼前就是盖叫天的墓,花岗岩石块围砌,坟头上野草萋萋。墓前有碑,两层基石上竖着造型简单的墓碑,正面竖书"艺人盖叫天墓"。此字也是沙孟海先生的墨迹,"艺人"之称谓是盖叫天生前自定的,后人以为盖棺论定,可以充分肯定,甚至略微拔高,然无法违背盖老意愿,只得如此,应当如此。墓碑的背面刻有碑文,内容如下:

张英杰,一八八八—一九七一,艺名盖叫天,河北保定人。八岁学戏,十岁登台,虽历经十七岁折骨、四十七岁断骨等跌宕,但以对艺术执着追求之惊人毅力,葆舞台青春直至七十八岁。京剧武生自成一派,被誉为武生泰斗,代表作有《武松》《三岔口》等。五十年代,盖叫天为铭志"学到老"精神,曾建牌坊于此,一九六六年"文革"被毁,一九八六年浙江省人民政府拨款修复。一九九七年盖叫天后人重修并记。

这是一篇高度概括的碑文,几乎每句话都可以单独扩展成篇。

盖叫天的籍贯,准确讲是保定东部的高阳县西演村。说到高阳,我就会想到另一位名士,他的名字叫齐如山,一八七五年出生,早盖叫天十三年。齐先生一生著述甚丰,以毕生精力从事戏曲研究,是对梅派艺术的创立和向海外推介的功不可没之人。有《齐如山全集》在台湾出版。盖、齐二人都生在高阳,然张家与齐家却无法相比,齐家世代书香门第,张家则是佃农。

盖叫天的断骨，说来真是奇迹。他四十七岁那年（一九三四）在上海演《狮子楼》时，上海大舞台的老板擅自决定在台上搭了布景，且事先并未通知演员。盖叫天此次登台前，已有十年未得演出机会，签了合约，只得硬着头皮演下去。不料，他扮演的武松在与西门庆打斗时，扮演西门庆的陈鹤峰躺倒后原地未动，盖叫天从窗口跳下的瞬间发现这一点，怕砸伤对方，身子用力向外一偏，摔到了舞台外延的水泥地上，当场小腿骨折，断骨从靴子里直戳出来。剧痛穿心的盖叫天心想：我演的武松是个英雄，不能让他在观众面前出丑。于是，他咬紧牙关，跷起一只脚，用金鸡独立的姿势保持着英武的姿态，直到落幕。更不幸的是治疗时庸医把他的骨头接反了，成了残废。他问医生有何办法，医生说"除非折断了重接"，盖叫天硬是自己把刚接好的腿骨再次撞断，这一惊人之举甚至吓跑了那个庸医。重请医生接骨后，盖叫天在床上躺了一年多，又开始重新练功。两年后，他又登上海大舞台，再演《狮子楼》。（见中国戏剧出版社出版的《粉墨春秋——盖叫天舞台艺术经验》一书）

墓碑两旁，分别摆着三个花篮，花已干枯褪色，挽带上的字迹仍清晰可辨，分别写着：上海京剧院、江苏省京剧院、浙江京昆艺术剧院哀悼。想必是清明节扫墓时献上的。

吾生也晚，未曾亲见盖老舞台风采，印象中最深的是叶浅予画笔下的"江南活武松"，其次是苏叔阳编剧的一部表现周恩来总理伟大人格的影片中的盖叫天，谁演的？记不准了，只记得周总理与盖叫天会面时，对他的"学到老"给予了充分肯定。后来，"学到老"这仨字儿，也成了周总理的口头禅。

二〇〇一年八月四日于北京

戏剧家：百年黄宗江

二〇二一年十一月三日，是著名电影艺术家、编剧、作家黄宗江先生百岁诞辰纪念日，我随先生左右二十年，受益匪浅，谨以此文表达我对他的怀念和敬意。

音盲不盲

黄宗江先生自称音盲，恍记为老友李德伦大师加封，电话核实时，李大师断然否认，还称他乐感很好。无奈，宗江先生只好自己归纳音盲的例证：一是痴迷京剧，却有时西皮二黄混听混唱；二是节拍感极差，不敢也不会跳舞；三是学过简谱、五线谱甚至工尺谱，如今都已不识；四是最鲜活的一例——上大学时曾选修西洋音乐欣赏课，秘密原因是当时的女友钢琴弹得好，自己临近考试忽然出走，怕的是考场上分不清莫扎特与舒伯特的各自之"特"，更怕在女友面前现眼。音盲例证虽多，宗江先生却未自卑，他还非常自信地自称是天生的音乐爱好者，说他读那些出色的古典诗词、现代小说、

黄宗江在其夫妻墓前

散文乃至绘画作品时,都能感觉到音乐。

二十世纪四十年代,在重庆剧坛"卖艺"(语出其散文集《卖艺人家》)之余,宗江先生曾从友人手中借读罗曼·罗兰的《约翰·克利斯朵夫》。时至晚岁,他仍记得这部巨著最后一卷的扉页上印着一行乐谱,下面的歌词是:"你,可爱的艺术,在多少黯淡的光阴里……"在那苦苦挣扎的年代,日军压境,政府腐败,"光阴"何其"黯淡","艺术"又何等"可爱"!于二十多岁的黄宗江和他的艺友金山、郑君里来说,于他们可敬的领导夏衍、于伶、宋之的来说,这艺术就是他们赖以存活的最直接意义的生命。老来偶忆往事,重吟这句歌词,宗江先生在短文《音盲乐语》中特意写道:"哪位大师,或仅是爱好者,望告我音盲,这是谁的曲调?"文章在《音乐爱好者》杂志刊发,居然引来合肥读者杨训恺的信函,舒伯特(又是这个舒伯特!)谱写的歌曲《致音乐》的线谱、简谱及歌词复印件一应俱全。杨君曰:"您所征询的答案如上,不知我是提供答案的第几人了?"宗江先生欣喜复函,谢曰"空谷足音"。

偶然的事情之间总有必然的联系,从中亦可看出音盲与音乐的情缘。

某日,我去六里桥八一厂先生家,接他一起去看越剧《红楼梦》,《音乐周报》记者陈志音与我同往。宗江先生从未接待过该报人士,借聊天得以了解该报及陈女士概况,听说她不仅爱音乐而且爱戏曲,宗江先生立刻取出《戏痴说戏》等三册新旧著作相赠,并书"志音知音"字样。临走时,我随意翻阅先生家当天刚到的一摞报纸,竟然翻出一份《音乐周报》。我惊讶地问:"您订这份报纸了吗?"宗江师肯定地说:没有。转问陈志音是不是她带来的,志音肯定地说:不是。宗江师说:以前从无联系，今天人到报也到，这就是缘分了。志音对我说：你是见证人，就写篇文章吧。我说：要写，就再写一段音盲的音乐情缘。于是有文在《音乐周报》刊发，题《音盲黄宗江》。

戏痴真痴

戏痴，是黄宗江先生的老年新号，可谓高度概括，形象贴切。

于戏至痴，似应在观戏、演戏、写戏、导戏、论戏诸方面或主要方面有所特色，否则难以够"角"够"段"，以此标准衡量，宗江先生绰绰有余。

观戏自幼年始，随父母出入京城老戏楼，得见梅程荀尚言马高谭……诸君鼎盛时期。几十年来，遍观京、昆、越、粤、川剧佳作和评剧、黄梅、婺剧、陇剧、漫瀚剧、河北梆子、山东梆子等剧种的代表作。地方剧种三百有余，宗江先生没看过的，大概不多。晚年屡称戒戏戒观戏，欲戒不得，亦不忍，可曰经不住诱惑乎？

演戏始自少年，在素有戏剧传统的天津南开中学，从扮演话剧《雷雨》中的周冲开始，演到北京、上海、重庆以至美国，横跨话剧、京剧、昆曲、影视诸门类。二十多岁时在重庆"一赶三"，被列为"四大名丑"之一；七十来岁时在美国又来一次"一赶三"，被称为"民间文化大使"。

写戏的时间也持续了五十多年，代表作《大团圆》《海魂》《农奴》《秋瑾》，新作《古舟子谣》《悲歌》《艺人》，等等，或已载入史册，或曾遭到批判，或盼搬上银幕舞台，或待历史检验论定。

导戏的积累最薄，但值得夸耀的是曾为洋人导演中国戏，并在美国的大学讲台上大讲他自己归纳的

"梅学"。

论戏的文章从重庆写起，从二十多岁写起，有四十年代末出版的《卖艺人家》作证，更有九十年代出版的《戏痴说戏》佐证。

《戏痴说戏》的特点，我体会是在于与戏相关的"痴"和"说"。痴已考证，无疑。说，既有评说，也有叙说，评说中有观点有关怀，叙说中有故事有细节。虽是论戏，却不以评论家自居，宁肯玩味文字，决不生拉硬扯，更不往理论高山上攀靠。缅怀长辈充满尊敬崇拜，推举新人倍加小心爱护。文章深入浅出或点到为止，均可读，且耐品。让我遗憾的是，宗江先生评说话剧方面的文章均未收入此书，其实那也是"戏"及戏痴所关注的重要部分，或可另编一册"说剧"。

关于《戏痴说戏》这本书，黄裳的评价是：篇幅不多，跨度不小，不薄今人爱古人。宋词（人名，宗江师的老友）称其写出半个多世纪舞台上风云变幻、人物更替，写尽诸多戏曲艺术大师之绝艺绝活绝唱。徐城北认为，书中写到的舞台行为和黄先生这样的剧评家都将绝版，所以这本书珍贵而独特。

戏曲界流传着一个经典故事：某公某夜看戏后回家，敲门如敲锣鼓点，并唤"老伴，开——门——来"。老伴阮若珊在屋内答："谁是你老伴？京剧才是你老伴呢！"此公即黄宗江，戏痴黄宗江是也。

若珊师娘

我自一九九〇年得识黄宗江先生后，即以先生为师，虽未行过拜师礼，心中却是把自己当作黄门私淑弟子的。私淑一词，出自孟子语："予未得为孔子徒也，予私淑诸人也。"意为对自己景仰而不得从学的前辈，可以此自称。宗江师给我讲过私淑与私塾的区别,他在文章中也常用这个词,但他不可能逐一去给每个当编辑的人解释,有的人自以为是地把"淑"改成了"塾",他也无奈其何。

私淑更要有所学,读其文章是一学,听其闲聊也是一学。宗江师的闲聊是一绝,有主题,即穷究其源,无主题,则信马由缰。听者能否跟上他的思路,理解他聊的内容,就全看你自己的积累了。十余年间,这样的聊天,次数不少,师娘在场的时候却不多。有时是偶尔插话,提醒宗江师吃药,有时是念叨一句"人家爱听你那些老事儿吗?说过好几遍了"。相对于宗江师的善谈,师娘属于寡言的那种,所以她留给我的印象只能说是点点滴滴。

师娘一九八五年离休时,还住在什刹海边的东煤厂,那是个胡同名,不是(或不再是)煤厂。她离休前是中央戏剧学院的党委副书记兼副院长,三八式的老干部,按说其住房待遇完全有资格更好一些,但她把机会都让给了别人。宗江师说,那时有外国友人执意要到家里来,他就给客人打预防针,"我家连厕所都没有",客人一定要来,先在宾馆上完厕所再来。后来修了厕所,招待客人上自家厕所都成了师娘的一件乐事。搬进八一电影厂的干休楼,表面看,是师娘沾了宗江师这军中文职老同志的光,其实也未尽然。师娘十五岁参加民族解放先锋队,十八岁成为抗大一分校第五期学员,一九五八年调到"中戏"之前,已担任过广州军区战士话剧团团长、南京军区前线话剧团团长,那时她在部队的级别就远远高过宗江师。老干部不摆老资格,甚至根本就没意识到自己有什么老资格,如师娘者,我没见过几个。

师娘离休后的生活很充实,老两口相依相伴,自得其乐。宗江师听京剧、写文章、闲聊的时候，师娘跟着电视学英语学做菜，拜了大院里一位老师（大概也未正式拜师）学书画，自己动笔写回忆录，腿脚利落的那几年，还不时陪着宗江师去看戏。两年前一次去"听课"，我无意中发现师娘的桌上摊着一堆沂蒙山的照片，想看个究竟，被宗江师质问道："你不知道《沂蒙山小调》是你师娘写的、唱的吗？"我愣住了。真不知道，白干那么多年新闻了，儿子的音乐课本上，这首歌标的是"山东民歌"，我一向以为就是民歌呢。索性，那天的"课程"换了老师，听师娘简单概括地讲述了六十年前在沂蒙山反扫荡斗争中创作《反对黄沙会》歌词、打着竹板首次演唱这首歌的往事。多年以后，这首歌的名字改成了《沂蒙山小调》，也忽略了原作者阮若珊、李林的姓名。但沂蒙山的人民没有忘，他们曾两次邀请若珊师娘重访故地，在这首歌曲的诞生地再次放歌。后来，当地政府在此修建了一座纪念碑，把歌刻在了石碑上。当他们再邀师娘时，师娘的腿已不允许她远行了。她用毛笔写了一句话——"深深怀念沂蒙山好地方"，托老战友带给了老区人民。参照师娘手头的剪报、照片等资料，我写过一篇《一曲小调六十年》。去年，山东一位搞歌剧的人来北京谈剧本，我还给他讲了这段故事，我说这是可以编个戏的，可惜，对方没有采纳我的建议。

师娘于二〇〇一年十一月十八日病故。她去世后，宗江师把她的画集中在八一厂小礼堂的一个房间里展览了两天。其中有一组"梦回沂蒙系列"，大约五六幅，都是八十岁前后，也就是她生命中的最后一年里创作的，画的都是那里的山山水水。笔墨中，足以让人感到那份"深深怀念"之情。

在八宝山，送别师娘时，告别室里播放的不是哀乐，而是我们熟悉的《沂蒙山小调》。师娘安详地躺在那里，身上盖着一件呢料的旧军大衣，肩旁放着一顶质地相同的旧军帽。音乐送她远行，她把这熟悉的歌留给了我们。

宗江师在他与师娘合著的《老伴集》中说过，他二人政治、艺术、思想、感情、家务，各种观点都高度一致，唯有争论的是：一个说根本不要骨灰，自然入土，另一个说还是留着等着，放在一起好。女儿们有心，悄悄为他们在万安公墓购下了一块墓地。宗江师看过后称允道："这里很好，又挨着曹禺，又挨着守常（李大钊墓），离厕所也不远……"

二〇〇二年春，二月兰遍野烂漫的时候，我陪宗江师到万安公墓为师娘扫墓。墓碑异常简洁，黄宗江、阮若珊两人的名字并排，一红一黑，红者，当然是宗江师喽。字是他们的老朋友黄苗子写的。

年末，阮若珊遗作集《忆》出版。宗江师七篇序文的最后一篇所配的就是我为他在墓前拍的照片。这篇文章的最后几句与墓有关，谨录于此：

……来日大家春游秋游，给曹禺老院长上坟，也可以过来看看我们。那地方可真美，值得一去，去香山路上一拐就到。在那里定居的，可默默求教的前辈可真不少：有李大钊、朱自清、萧军、董竹君……多了不起的邻居啊！深深感谢他们生前身后对我们的指引。

京剧情结

《我的京剧情结》是黄宗江生命最后一年（二〇一〇）中的挥洒之作，缘起于他刚刚看过的何冀平的京剧新作《曙色紫禁城》。我估计那是他最后一次进剧场，最后一次观京剧了。八十九岁的高龄，耳聋眼花，听不清，看不明，眼前的场景、戏境，却刺激得他脑海里万马奔腾。怎能不奔腾呢？他还是婴儿时，就已被父母抱进戏园子，京剧于他，即便不是胎教，也是从幼教就无意识地开始了。漫漫八十余载，他目睹了京剧的发展、变革、振兴、纪念种种。他演过京剧，写过京剧剧本，在各种座谈会上评说过京剧，偶尔也导过，更写了数不清的与京剧相关的文章。假如他就是梨园行里一分子，这成果已属显赫，何况他的兴趣、专长还不止于此，在其他方面还多有造诣呢。依其思路，话剧情结、京剧情结、小妹（宗英）情结之后，至少还可以写出的有：电影情结、表演情结、写作情结，北京、上海、天津、故乡、美国情结，甚至朋友情结、女性情结、饮食情结、人性情结，等等。当然，这些情结在他的许多文章中已然写到写过，即便没冠以"情结"的题目，终不逾"情结"之外。

不管怎么说，京剧情结是黄宗江诸多情结中最主要的一份情。我曾想试作统计：黄宗江到底写过多少篇与京剧相关的文章？数至数十篇后，自动罢了。没法数，太多；数不清，太杂。杂的意思是：他不仅有专论，论戏、论人、论流派，论编、导、演，以至论到京剧摄影和戏曲人物画，更有其他题目的文章，亦不免顺道绕进梨园流连片刻。这样的算不算？要是都算的话，的确数不清。

依我记忆，也是我阅读后印象深刻的此类文章，计有：《也曾闯宴到梅边》《清风亭下哭信芳》《百花丛中芙蓉草》《马嵬坡前啨慧珠》《夕照沙桥饯叔岩》《三打徐城北》《肃霜当笑》《遥想君秋》《为李玉茹再叫好》，还有《新民晚报》副刊首席编辑贺小钢最早编发的《论余杨马之不再》，还有他早年写的《广和楼》……多了，难以一一复述。从题目看，就透着尊敬、亲切、近乎、熟络、典雅。从内容看，不仅有捧，有发自内心的叫好，也有分析、评点、留恋、偏爱，乃至偏爱的理由。

巧的是我与宗江师的正式相识，也是在一个重要的京剧活动场合。那是一九九〇年，纪念徽班进京二百年的年份，活动声势浩大，有诸多台新老剧目调至北京汇演，还有历时一周的研讨会。他在会上多次出声，最精彩的发言，当是后来整理成文的《京剧梦寻》，是其中的十六字观，即：小改大动，大改小动，大改大动，不改不动。当时我还是个记者，中途参会（与《新民晚报》主司戏剧报道的名记者翁思再同室），连看戏带听会兼组稿。某天会后，在会议室门口，我迎住宗江师，约他就他的发言为我供职的报纸写一篇呼吁抢救昆曲遗产的文章。他不认识我，显然有打发的意思，指了指身边的人说："请沈祖安写，他手快。"我也认真，立刻转求沈先生（浙江戏曲名家），没想到沈先生儒雅地说："那是宗江的老家，还应该是他写。"把球又推回去了。最后，是我依据永嘉县委的一份简报写了篇报道。二十多年后我终有机会到楠溪江一游，惜乎醉在筏子上其乐陶陶，却未记得询问永嘉昆曲可还寻得到踪影。这是后话。

此后熟了，不仅经常听宗江师聊京剧，在他府上得见他看电视听收音机录音机都离不了京剧的情景，也有几次陪他去看京剧。例如：看王金璐的专场（人民剧场），看于魁智主演的《梅兰芳》（长安大戏院），参加为季羡林先生祝寿的京剧堂会（湖广会馆）。还有一次是陪他去香山附近的万花山，专为梅兰芳、马连良扫墓。尤可一提的是，我和宗江师还曾策划了一台京剧晚会。

一九九九年，"世纪之交"是个大话题，北京世纪剧院的老总萧立君是我好友，他说，咱们得利用剧院这个"世纪"招牌做点事吧？我说，做台京剧晚会吧。他点头，我说我只能负责创意，不能撰稿，因为我不是行家，但我能请一位行家来撰稿。这行家就是黄宗江。意思跟宗江师一透露，他就来神，点子搂不住地随口而出，我半懂不懂地听着，只有什么灌顶的感觉和频频点头的份儿了。没到一星期，他的文本就写出来了。非常非常可惜的是，继续操作的过程中出了问题，使得这个策划最终胎死腹中。宗江先生连稿费都没拿到，他的手稿（那时他还没学电脑）也成了我保存至今的一份纪念品。当时参与此事、看到此文案的人寥寥无几，都比我距京剧更远，所以这个文案也可以说是宗江师遗留给我的一份小小的文化遗产。

重读宗江师的策划文本，我依然感到，其精彩、精准、精妙都是无与伦比的，是他人写不出也想不出来的。虽然只是草案、大纲，未及细化的地方很多，但均无损其光彩。他日若有人肯编黄宗江遗作集，我建议万勿漏收这个策划文本。

小文大义

宗江师的书，我几乎都有，但都集中放在京城旧居，手边一本也没有。他的文章，除了我电脑里的，收在我沪居所存其他书中的，我只想到两篇：一是《李德伦传》（作家出版社二〇〇一年出版）一书中宗江师的序文。记得这篇文章在收入此书之前，先刊于《文汇报》的"笔会"副刊，题为《读李德伦》。文中的第一

部分写道:

　　有一位北京的文化记者写过一篇散文,推测我俩曾一块儿去过旧时的京剧殿堂广和楼,和好莱坞电影城堡中央或真光,可谁也没见过谁。但我俩都是在那些地方,既见过杨小楼、梅兰芳……也见过贾波林(沪译卓别林)、飞来伯(沪译范朋克)……以至歌唱《伏尔加船夫曲》的夏里亚平。或因此命定了我们今后一生的艺术生涯,既崇尚传统,又向往开放。

这段文字,概括地道出了黄、李乃至他们那辈一批艺术家所受过的艺术启蒙,亦如宗江师所说:人类文化包括辉煌的中国文化,既是民族的、独特的,又是多彩的、多元的。

　　那位"文化记者",就是在下。那篇散文,题为《百年舞台》,发在深圳的一份短命的杂志(似乎还是创刊号),约我写此文的姜威,已去黄泉多年了。
　　仍说《读李德伦》,最后部分"世纪绝响",说的是一九九九年十一月十九日,斯特恩与李德伦两位音乐大师时隔二十年再次合作的音乐会。说到黄记得李曾戏称他是音盲,而李"赖账"说从无此事。宗江师出席这台音乐会,是我陪他去的,之前几天,我曾陪宗江师和若珊师母去友谊医院探望李大爷,那是李大爷从单间病房被发落到十几人一室,又提升到四人、双人,又至单间,无论贵贱荣辱,宗江师都去看望过他的最后一次。我有幸旁听他们的对话,遥想他俩当年在上海同台演戏的往事,还为他们拍了照片。李大爷说到几天后的音乐会,宗江师说他一定捧场,我说我负责找票——世纪剧院的老总萧立君,从预留的工作票中给了我几张。这位小我一岁的好兄弟,也走了好几年了!

从宗江师的住地六里桥(八一电影厂)到世纪剧院,几乎穿过了大半个北京城。那晚,宗江师在剧场即生感慨:今夕何夕!他的《读李德伦》一文,最后记下的落笔时间是:九九岁末千禧之际。说到"九九",不由得我又想起二〇一〇年十月二十八日,在八宝山与宗江师的告别,那天,告别室里回荡的音乐,不是哀乐,而是宗江师作词的歌曲《九九艳阳天》(出自他编剧的电影《柳堡的故事》)。

李德伦先生去世后,宗江师参加了《音乐周报》主办的追思会,他说:一个好朋友的离去,就像你身体和灵魂的一部分离去了。语调悲哀,音色苍老,闻之落泪。李德伦大师的下葬,也是我陪宗江师去的,这次是出了北京城,去了易县皇陵边的一个陵园。

第二篇是收在我编的李德伦文集《交响人生》(东方出版社二〇〇一年版)一书中的《李公德伦像赞》,肯定也收在宗江师的哪本集子中了。原刊于一九九五年八月二十七日《新民晚报》"夜光杯"副刊,配的是丁聪为李德伦画侧面半身像;准确讲,不是画配文,而是文配画。

这是一篇标准的千字文(可能还不到千字),虽然小(短)如麻雀,却是俱全。举重若轻,举轻犹重,进出自然;情感情趣,谐谑交响,无所不包。例如:李公属当代文明人物之列,物质上一庞然大物,精神上一代指挥大师,惟在我目中难大,由于我们是一块儿"穿开裆裤长大的"。又如:我们的友谊友义所以长存、常青,盖由于我们性相近,习亦不远。我们均师承贝多芬、裴多菲,更有马克思、屠格涅夫、约翰·克里斯朵夫、黄佐临——我们所追求的理想、艺术、人生、社会,多元而一元也。我私淑宗江师,非自此文始或终,但此文无疑是蠹于我的写作观中的一篇教材。

说到我的写作,想起来了,还有一本《书生集》(华文出版社二〇〇五年版),笔者的书,宗江师的序。这篇更短,不过"半千",五百来字。老爷子那时已对外宣称不为他人作序了,实际上却未绝情如是,为《开卷》主编董宁文作的序文,几乎与给我写的这篇同时,在他的《艺术人生》一书里,两篇相邻。我去黄家取文章时,碰到为我前书《变革中的文化潮》作序的大胡子柯文辉(那也是一位戏痴),宗江师为他的书也写了序。至于"短",似乎并非尽是他的本意,将打印好的一纸文字交给我时,他还给了我五六页纸的手稿。我看了看,开头就不下三稿,中间更有展开的势头,但没有继续下去。宗江师跟我说:想说说"书生",又没弄清楚,不说也罢吧。我只好说"也罢也罢"。

短文开门见山:

我怎么认识蒋力的?在一次已经记不得是什么主题的座谈会上,我方从故乡回京,谈起可属活化石的永嘉昆曲已在楠溪江的流水中逝者如斯了,我无力地呼吁抢救。会后,一位年轻记者向我走来,邀我为《中国文化报》写一篇呼吁文章。言谈中我感到他真是一位文化记者,有文化,眷恋文化,真是位书生,他就是蒋力。十多年来,我们时有过往,交换彼此的文字,所谈所论所观,还是文化。蒋力想出个集子,书名叫"书生的什么",邀我为他写篇序,我一下子就想出序文的题目:书生蒋力。像许多书一样,这本书没有出成。我略翻此中文字,最触我目我心的还是这一文化记者写到的一位又一位书生。他有一篇文章的标题叫《记入年轮》,这题目令我不禁想起树木中惟乔木才显年轮,人物中真称得起书生的才显年轮,乃祝渐入中年的蒋力其年轮渐深渐密,抚触年轮可想象众缪斯文化神灵——诗文、戏剧、音乐、绘画……——显现。

确如师所说,那本书没有出成,后来的《书生集》几乎成了另一番模样,但在此书中有两篇写宗江师的,曰《音盲黄宗江》,曰《戏痴黄宗江》(润改于上)。印象中我还写过《剧人黄宗江》《歌手黄宗江》《骑士黄宗江》(骑自行车之士)、《黄宗江遇险》(汉中路上)、《黄宗江先生与墓地》《情结京剧黄宗江》(后两篇均于润改后纳入此文)等篇,而今,写的则是《百年黄宗江》了。我记得,某次"交换彼此的文字"(宗江师语)时,他说:应该再写一篇《战士黄宗江》。

剧人墓地

二〇一〇年十月十八日那天,我动笔写一篇小文,开篇即提到我的恩师黄宗江先生。文未写完,次日续笔时,接友人电告:宗江师去世!

我与先生有二十年的交往,但未见面已近两年。交往的终期,他为我的一本随笔集作了序。后来他还在和我的文友谭宗远通话时嘱其转告我:随时可去他家聊聊。眼瞧着迈向九旬的宗江师笔耕不息,种种情结连篇不断,我哪里还好意思去他府上聊天?耽误他的时间不算,我又有什么可汇报或炫耀的呢?总想着积攒些成绩再去。于今于后,想再去,只能去万安公墓,到先生的墓前去跟他汇报了。

与宗江师交往虽不少,但一起去外地只有一次,那是一九九三年八月,到陕西城固参加张骞国际学术研讨会。其中有一天到汉中参观,在灰砖砌筑的张骞墓前,先生兴致颇高,分别与剧作家郭启宏、魏明伦夫妇和我及《中国日报》一位年轻的女记者合影,还谈论着他对汉代文化的看法。未料在回城固的路上出一不大的行车事故,坐在副座的宗江师碰破了头(幸只擦伤)。即便是那样,也没有影响隔日他在会上洋洋洒洒地发言。据此发言,他归来后写了《东来西往兮思张骞》。不过两千字的文章,纵论古今,大开大阖,真是精彩。

文中特别提到"瞻拜了汉博望侯张公骞墓"。

前几年我在北京香山脚下探访文化名人墓时,无意间在一处近于废弃的基督教墓园中看到一方瘦瘦的墓碑上刻着郭元同的名字。这个名字,我在指挥大师李德伦先生的文章中看到过,郭曾在黄佐临先生的苦干剧团当乐队指挥,一九四三年夏携黄宗英从上海回北平结婚,拜了天地未入洞房,就患内膜炎进了医院,终未救活。黄宗英把他葬在西山,守墓一年,后被朋友劝回上海。我把这个发现告诉宗江师时,他一愣,似乎想了一下,才问我:"你知道郭元同?怎么知道的?"我如实相告,并告他那附近还有梅兰芳、马连良的墓。他说:"你找个车,陪我去看看。"

去的那天,黄先生在几处墓前逗留的时间都不短,还在梅兰芳墓前拍了照片。近旁的马连良墓,要登几十级台阶,宗江师腿脚不好,没有上去。二〇〇四年四月,宗江师约我在长安大戏院看京剧《梅兰芳》时,送我他的新书《读人笔记》,其中就有我和他在梅墓前的合影。

还要说的是二〇〇一年。师娘阮若珊(原中央戏剧学院副院长)去世后的追思会上,宗江师有一篇书面"答谢",其中提到,两人各方面高度一致,唯有争论的是，他说根本不要骨灰，连撒都别费那事，自然入土；她说还是留着，放在一块好。直到师娘弥留之际，他们的孩子才告诉他们已在万安公墓安置好了。

宗江师一生幽默，豁达开朗，写到他们夫妇的墓地时仍习惯地"幽默"了一笔："离厕所也不远。"文章后来编入阮若珊遗作集《忆》时，删去了这句颇具"黄氏特色"的话。

二〇〇二年春暖后的某日，我陪宗江师去万安公墓为师娘扫墓，同去的还有他的"发小儿"、原新华社副社长李普。在李大钊陵园的北侧，曹禺墓边，师娘的墓相当醒目。棕褐色的碑石上，刻着黄苗子题写的"黄宗江 阮若珊"，前为红色，后为黑色。那天宗江师穿的是一件俗称"国防绿"的旧军装，想来那也是一种怀念。我为宗江师拍的扶杖倚碑的照片，也收入了《忆》一书中。之后我们在幽静的墓园里走了走，拜过了董竹君墓、萧军墓。宗江师还念叨了一句："厕所怎么拆了？"

说完先生与墓，就要说说盖棺之论了。先生的讣告上，在党员、战士之后的称谓是：著名电影艺术家、编剧、作家……一级编剧。其实我觉得这么多称谓还不如先生自己认可的两个字最为概括，这两个字是：剧人。二十世纪四十年代，宗江师就有文章专议此题，他说，以前本不大喜欢这个词，觉得酸气颇浓，后来"顶顶喜欢了"。宗江师说：我爱"剧人江村之墓"。他是第一个在墓碑上这样写着，很光荣地写着。江村，是那时活跃在重庆的一个演员，他去世后，宗江师写过一篇题为《剧人江村》的短文，结尾曰：何处去寻书卷气的骑士？荒郊外——剧人江村之墓。宗江师的《〈剧人集〉题记》亦云：我所有的集子如并为一部选集或全集，可用此一称；但我这个人是不会出全集的，更不会有墓碑，用梨园行话说不够份儿。

先生走后,全集没有出,但其有生以来已累积出版了二十余本书,属于不全之全了。墓碑也有了,红也变作了黑。称谓呢?若有一方独立的碑,刻在那上面的就应该是:剧人黄宗江。这方碑,将会长久地矗立在我们的心头,或许,也将会有一个恰当矗立的具体地方。

我父亲的墓也在万安,每次去为父亲扫墓时,我都会到宗江师的墓前,为其扫墓献花。于我来说,一个是亲爹,另一个则是如干爹般影响了我多年的长辈、亲人!

"在多少黯淡的光阴里,可爱的艺术,你安慰了我生命中的痛苦,使我心中充满了温暖和爱情,把我带进美好的世界中……"这是舒伯特的歌曲《致音乐》,这是肖贝尔的歌词《致音乐》。在黄宗江先生百年诞辰的日子里,我再次吟唱他喜爱的《致音乐》,悄悄地对他说:想念您!

曾卓：重要的是爱

我尊敬的曾卓老师走了。

他一九二二年三月五日生于汉口，二〇〇二年四月十日逝于汉口，终年八十岁。我四十四岁生日这天得知曾卓老师病故的消息，不敢贸然惊扰薛阿姨（曾卓夫人），只给武汉的文友徐鲁打电话问了情况。徐鲁告诉我，曾师这一年几乎都在病榻上度过，人已瘦得不成形，家人最后都在他身边，他不愿身后有任何悼念活动，几天前刚刚开了追思会，有百余人到场。

我想写点什么，一时头绪纷乱，只好先找出曾卓老师给我的一些信函，边定神边回忆。定神的过程中，我将这些信一一贴裱，数了一下，共二十六封，始自一九八三年一月，终至二〇〇〇年五月。另有三篇文稿原件，都是他自己的手迹。追述一下这些信函的背景，也许像是一笔流水账，但能看出一位老作家的人品、人格、道德力量和对一个晚辈的二十年的关爱。

一九八一年前后，我大学毕业前的最后那段时光里，最爱读的杂志是《文汇月刊》，其中最吸引我的栏

曾卓墓

目是"听笛人手记",那些以散文笔法写的外国文学作品读后感,差不多成了我的阅读指南,《金蔷薇》等一些生僻的作品我都是这样读到的。后来陆续读到作者的诗作,渐渐了解到他的经历,尤其是他的代表作《悬崖边的树》经柯岩在第四届文代会上朗诵之后的广为流传,使我牢牢地记住了曾卓这个名字。一年以后,我用业余时间编辑《谈美小札》和《谈艺小札》两本书时,怀着试探的心情给远在武汉的曾卓老师写了封约稿信,诚邀他从诗歌创作的角度谈谈自己的美学感受。素不相识,他会答复我吗?心里一点底也没有。一九八三年一月,我接到回信,"承蒙约稿,我当尽力写一篇……我实在写得太少,今年起想振作一下"。这回音令我振奋,我与曾卓老师的交往就这样开始了。

约定时间临近,我又两次去信催稿(胆儿够大吧)。五月,曾师有信曰:"最近的确较忙,刚参加洛阳牡丹诗会回来,又遭父丧。但答应你的那篇稿子一定交出,只怕质量不高。"六月上旬,文章寄到,信曰:"小文寄上。由于颇费踌躇,所以写好后又放了几天。请予以指正。如不合用就退我,没有关系的。"月中,寄来照片,信曰:"我的那篇小文的某些观点可能会有人有异议,但的确是我多年来积累下来的一点感受。"这篇文章是我保存的曾卓的第一篇手稿,题目叫《重要的是:爱》。这也是曾卓诗论中相当重要的一篇,后来分别收入于他的诗论集《诗人的两翼》和《曾卓文集》。

一九八四年,我调入《文艺研究》当编辑,工作之余,拟写评论绿原诗歌的文章,搜集资料时,又去信向曾师请教。他在回信中指点我要读三篇文章,又说"在一封信里,我不可能比他们说得更详尽",并希望早日看到我写的评介文章。

这一年中，曾卓收到新出版的《谈艺小札》，他鼓励我说"编得还不错"。去大兴安岭采风，途经北京时，他约我到诗刊社的招待所见了面。那是只有几平方米的小房间，我们坐得很近，我不免局促，曾师递过"红金龙"让我抽，先从工作、家常聊起，一点架子都没有。

一九八五年初，曾师来京参加作协大会，我约友人张玉平去京西宾馆为他照相，拍了很多，效果甚佳，他也非常喜欢。其中一张后来做了《曾卓文集》的封面。那年四月我顺长江而下到武汉，去看望了曾师，转日他就和绿原、邹荻帆等老友溯江而上，寻访当年生活的地方去了。在他以往的经历中，曾又做编辑又写作，所以会在来信中叮嘱我："你编务忙，但还是希望你抽空写写文章，这样可以使你更深入地考虑一些问题。"年末，他应我之约寄来一稿，说无论用否，都很希望听到我的意见。信中最后说："武汉大冷，室内保暖又差，手冻得写不成字。"

我评论绿原诗歌的文章，一九九六年发在《诗探索》杂志上，曾师读后有信，曰："谈绿原的诗，你有一些独到的见解。我认为他还没有得到应有的重视，也还缺乏对他充分的研究，有一些名噪一时的诗人，还是难以与他比肩的。"

这年夏天，我调到《中国文化报》编副刊，去信向老师通报，一并约稿。他立刻寄来了散文《樱花时节的聚会》。文中由一首代柬之诗谈到其作者、武汉大学的老教授毕奂午先生，几句话就高度概括了毕先生的文学成就，然后写到一群老友聊发少年狂的可爱模样。其情之真挚，也是文字所难以传递于万一的。这是我保存下来的第二篇曾卓手稿。

曾卓老师那几年出的新书都送过我，这使我可以较完整地了解他的创作历程和成果,与他的接触也是这种了解的补充。一九八七年,我写了篇《曾卓,这棵老树》,发在《中国作家》杂志。他认为我的文章着墨不多,然而刻画出了他的基本性格,虽然不免有溢美之处。同时鼓励我:"你的文笔相当老辣,而且相当松弛,这是不容易的。望更多地读到你的作品。"我把自己的一部分散文习作结集,斗胆请曾师作序。一九八七年十二月,曾师回信说:"要我为你的集子写几句话,在我是乐于为之的,虽然我在此地早已宣告不再为人作序,但对你,应作例外。"一九八八年初,他将序文和信一并寄出,信中说:"今天是一月十五日,也就是你希望我交稿的最后一天,无论如何不能再拖下去了。就熬了一个夜,赶写了几句话。写时很费斟酌,就便也谈了一点对散文的看法。望你坦率地提出你的意见,我还可以修改。"后面说的是他自己,"最近写东西很慢,很吃力,而写成后也往往不满意。我只能尽我的努力。"这篇文稿没有标题,在《中国青年报》发表时,编者加的题目是《亲切与松弛》;在深圳的另一份报纸发表时,标题是《散文片谈——〈朝圣〉集序》,内容小有改动,后收入《曾卓文集》第三卷。原文成了我手中的第三篇曾卓手稿。我的散文至今无缘结集出版,编两三本都够字数了,但其中一些篇章是有这样那样的毛病的,曾师后来有来信善意地提醒我:"有时有些文浮于情的感觉。感情如果更内涵些,艺术的感染力会更加强些。"

曾卓老师一九九二年岁末给我的信中说:"一直等着你来,可以好好谈谈。徐鲁也询问过几次,你终于未能来,我们感到怅之。"我记不清要去的理由和未去的原因了,一九九三年五月,我才得以弥补。那次采访经过武汉，只宿一夜，晚饭后我走出酒店，一打听，曾卓老师的住处竟然就在马路对面。就像是奇迹，几分钟后，我已坐在老人身边畅谈了。

那之后我离开了报社，工作漂移不定，笔未停，有时也是为了换口饭吃。时隔七年，我才敢将自己的两本书寄给曾卓老师。因为都不是散文集，所以两本书都没用曾师的序文。曾师接到书后，给我回了信，我们又通了电话。我记得去年给他电话拜年时，他还在问我：书有地方出了吗？要多写。

有序无书，是写作者的一大悲哀，但比起失去老师（又是序文的作者）的悲痛，这悲哀就显得黯淡了，这悲哀，更该化作鞭策我的动力，因为这序文和这些信函，永远留下了曾卓老师对我的期望和关爱！

二〇〇二年五月十日，曾卓先生去世月祭

二〇〇七年清明后的一天，小友王燕短信告曰：你说怪不怪？以你名义献上的鲜花，昨天已摆在曾卓先生的墓前。

我急忙去电，询问究竟。

事情的起因还是我上面这篇文字。此文写出后，我仅寄给薛阿姨一份，未投他处，后来编入我自费印刷的随笔小册子《守望集》。王燕的父亲王鸿裕先生（武汉一位神通广大的群众文化工作者）读过后，铭记在心，清明时，他的朋友、武汉作协负责人胡发云提到要去为曾卓先生扫墓，他便要求：代献一束花，署名蒋力。胡发云嘀咕了一句：蒋力是谁？跟曾卓什么关系？未再多问，却照办了。

于此而言，以我名义献上的鲜花，是先于我到达先生的墓前了。数月后,我去武汉出差,在王鸿裕父女的陪同下,专程到石门峰名人公园祭奠曾卓先生。

石门峰位于武昌东边,东湖的东南角。园内风景优美,静谧宜人。在管理处打听曾卓先生墓的位置,很快就得到准确的答复,所以我们很快就到了墓前。墓是在公园的一角,一斜坡处,一片绿草和低矮的植物之间,一块淡色的大石头(不是花岗岩,后来我才知道,那是从庐山运来的一块天然巨石),几乎没有雕琢的痕迹,上面嵌着一尊曾卓先生的雕塑头像,是最常见的先生微笑的形象。下面刻着四个镏金大字——"曾卓诗魂"。"诗魂"二字的出处应该说一下,那是先生去世之后的次年,在海口举行的第八届国际华人诗会,授予这位已故诗人"中国当代诗魂金奖"。大石头旁边,是用一种棕紫色石料雕出的一本打开的书的造型,上面刻着先生颤抖的手迹:"希望的顶点是含笑的坟,振动旷野的群众的歌声是弥撒,我的诗是我的碑。我爱你们,谢谢你们!"前三句竖题,后两句横书,下面是签名,标点是我加的。据我所知,后两句是先生弥留之际写的,可谓绝笔。前三句出自他二十世纪四十年代写的一首诗,传递出的是镇静、安详和视死如归的信念。

那天,我献上的是一枝红玫瑰和一束白菊花。

写这段文字时,我顺便在网上打出"曾卓的诗"四字,没想到出现了延绵不断的内容,给我印象最深的一篇文章的标题是"一个城市的文化坐标"。更没想到的是先生与我的文字记录也有刊载,那是在"曾卓 蒋力"四字下出现的他为我至今未出成书的散文集《朝圣》写的序文《散文谈片》。文章的最后一句这样写道:"我相信,他(指笔者)的艺术将和他一道在人生的道路上跋涉,苦斗,并一道成长,成熟。"看到这里,我想告诉曾卓先生的是：我仍在跋涉、苦斗，也在成长，只是还未成熟。

为辑《墓歌集》一书，再次编辑此文时，正是曾卓先生百年诞辰纪念日。特志。

画家叶浅予

桐庐是个小地方，然也有一些可看的去处，譬如严子陵的钓鱼台。二〇一一新年前的最后一天，我在桐庐半日游，时间有限，只参观了新落成不久的叶浅予纪念馆和故居。

叶浅予先生（一九〇七——一九九五）不仅是画家、大画家，还是美术理论家和美术教育家。他去世后，家乡政府献上的挽联写的是：浅财厚德爱憎分明一代宗师；予情于艺报国为民富春骄子。横批：落叶归根。

叶浅予先生的墓，建在他的家乡——浙江桐庐的桐君山上。

我到过的地方，敢以山称之而确实不高的有两处，一是福州的于山，二是桐庐的桐君山。于山高五十多米，桐君山稍高，海拔六十多米。名气与高度，不成正比，当然，也不是反比。倒是应了刘禹锡的话：山不在高，有仙则名。在我眼里，如今桐君山的名气，已不完全倚赖中药鼻祖，还倚赖的是叶浅予先生的故居和他的墓。

叶浅予墓

叶先生的墓,在桐君山的一角,在他的画室"富春画苑"的侧后方,没有明显的坟或墓的轮廓,若不是有碑做标识,便已完全和那山融为一体了。

墓碑是颇有特色的,墓主的特色,画家的特色,漫画家的特色。方形的基座上是圆形的石柱,石柱上端是一尊雕塑胸像。雕塑是写实的风格,因写实而透出漫画的味道。叶先生是画漫画起家的,他晚年的形象——大大的近于"瞪"的眼睛,硬硬的显得倔强的胡子,都让我联想到漫画。

墓碑上"画家叶浅予"几个字是黄苗子先生题写的,后面的墓表也是苗子撰写的。他们是那种"总角之交"的好友,类同于黄宗江与李普,略早于郁达夫与徐志摩。"富春画苑"落成后,黄苗子也曾应邀在此小住,与老友一起切磋画艺。

墓地是在山的斜坡处破出了一小片平地,站在那里,看旁边的富春江与天目溪,再方便不过。山水之间,是文人(也包括艺人)逗留和定居的最佳处。我的这个观点,在这里再次得到了证实。

墓地与画苑间的甬道旁,还立有一块碑,碑文是美术理论家郎绍君先生撰写的。碑文刻上去的时间不过几年,可惜已不易辨认了。我后来上网搜索,也没找到这篇碑文,网上最多的是绍君先生研究叶老漫画名作《王先生》的一篇文章。

拜谒叶浅予墓时,我不禁想到建在浙江海盐南北湖畔的陈从周墓,大概因为那座墓的碑顶也有一尊雕塑胸像。不同的是,陈从周先生的墓是墓、碑、雕塑联为一体,更显出建筑学家、园林学家的味道。

郎绍君先生,我已多年未见了。八十年代初,我们是恭王府那个大院里的同事,我在《文艺研究》编辑部做编辑,他在美术研究所做研究。他的文章,有些是在《文艺研究》刊发的,譬如:研究李可染的长文。网上看到美术研究所曾任所长水天中先生的一篇文章,写的是九十年代初在香山举行的一次美术理论会议(又称"西山会议")的来龙去脉和遭受的批评。叶老是受邀者,但因外出而未到会,只有录音在会上播放。讲的是真话,一点顾忌都没有。郎绍君是会议的主要筹办者,最后却被上司下旨,拒之会外。这样的真事往事,现在都有点像是在讲故事了。

三十年前我学过画,之后还搞过美术评论,做过报刊的美术评论编辑。再后来则荒疏了这些爱好,依稀留在记忆中的只有数得过来的几位画界前辈了。叶浅予,就是这几位之一。我的记忆中,与叶老几乎没有正面接触,自己的藏书中倒是有他的几本画册和一册回忆录。舞蹈人物,戏曲人物,都是那么精彩。我最喜爱的是叶老画的话剧《茶馆》的一组人物速写,那才叫传神啊!

这些年南北行走,总爱留出些时间去看那些文化人的墓地。爱在那样的地方,与逝者无声地对话。爱观察那些墓碑的特色,品味墓碑风格与墓主个性的差异。墓地总是无语的,但我觉得总有很多内容都藏在那无语的背后。我,愿意去探询,因为那也可算作我的发现或认识。

"富春画苑"那栋徽派建筑是两层小楼,白墙青瓦,很是典雅。管理者特为我们打开了二楼的房门,我得以参观了叶老故居的起居室、画室和卧室。卧室里,有一张江南常见的雕花大床,一张仿古书桌,桌面上铺着毡子,显然也兼做画案。而今斯人已去,书桌上只摆着一只大花瓶,插着褪去了花色的干花,好像是油菜花。旁边的架子上陈放了不少石头,一一编号,管理者说都是老人自己捡来、带来的。我读过叶老的一篇题为《拾石记》的短文,他开篇即曰:"石谱五字经,丑漏皱瘦透,玩物自成癖,独爱圆润厚。"一语道出他的赏石观。眼前这些多是浑圆状的石头,就是例证。

那篇文章收在天津杨柳青画社为叶浅予出版的《画余论艺》一书中。假如我没记错的话,我手中的那一本是吴小昌教授送我的,里面有一幅他的父亲吴化学先生为叶老在剧场画戏时拍的照片。小昌是油画家,热心人,为老师、为他人、为社会做了很多事,甚至占去了他自己创作的时间。我们是相当好的朋友,每想到他的英年早逝,我都深感惋惜。《画余论艺》一书的装帧很考究,湖蓝的色调,文武线的使用,繁体字的书名,简洁而大气的设计,都很抢眼。叶老在装帧方面也有他自己的观点,譬如这本书,他就提醒过编辑:请勿用照片作封面,学术书总得有学术书的面目,不应离谱太远。

叶浅予纪念馆是新建的,位于富春江北、桐庐县政府对面的广场东端,灰色的二层建筑,很醒目,有点像杭州的中国美术学院的某一栋楼。门前也有叶浅予雕塑一尊,是全身像。

馆内,迎面是一幅叶老的照片,黑白的,照片上的叶浅予,双目炯炯有神,翘硬的胡须更显其人的个性。二楼右侧,是专门的叶浅予展室,陈列了他的一小部分作品,包括姜宝林、王镛与他一起完成的长卷《富春山居新图》。称其为"新"图,是因为六百年前曾有一幅《富春山居图》,元代画家黄公望所作,画的就是桐庐这一带的山水风光。那是中国美术史上的一幅佳作,惜乎三百多年前即分为两截,六十多年前又分藏在海峡两岸。一生以人物画为主的叶浅予,遭"文革"厄运后被解放,几乎每年都要回到富春江边的故乡。家乡的巨大变化，唤醒了他对山水景色的感情，"挥舞老笔贪婪地猎取新形象"，且断断续续画了数年。我记不得哪年在哪里曾看过这长卷，或初稿，故有依稀印象。此次在纪念馆观赏这幅长卷之前，在江边桥头的"鱼人钱"饭馆吃饭时，看到墙上有一喷绘的山水长卷，我即言：那就是《富春山居新图》。饭后，同伴小敏结账时，顺便问老板是不是，老板很肯定，又指点着画面热情地告诉我哪一段是桐庐。观赏长卷时，我注意到尾端叶老的长跋，其中特别提到前人以大观小、以近观远、以体观面、以时观空的四个观点。可以说这是长卷创作的一个要诀。

小敏姓章，桐庐人，中国歌剧舞剧院演员，现为上海音乐学院音乐戏剧系艺术硕士。二〇一〇年十二月二十八日，其硕士音乐会在上海音乐学院举行，我应邀客串主持。音乐会后，小敏邀我赴其故乡一游，这是她多次邀请了。正好有时间，我欣然同意前往，去了不到一天，归后遂有此文。

时在二〇一一年元月十六日

隔栏回望利玛窦

几年前我的家从东官房搬到车公庄大街三塔寺，这个地名鲜为人知，每有朋友打听，我只好挑个附近的醒目标志，告诉人家在市委党校对面。而今，我依然不知道三塔寺的历史，眼皮底下既无寺，也无塔，一座塔也没有，只有一组墓碑，在市委党校院内，以利玛窦为首。那是个大院，我偶去散步，都在晚上，夜幕中的墓碑，被围墙圈成两组，铁栅门上着锁，看不清究竟，也没上心去看。提醒我认真注意这两组墓碑的原因，都与遥远的澳门有关。

一年前我去澳门观摩国际音乐节时，和音乐节组委会殷姓朋友聊天。殷先生说，澳门打算搞个利玛窦的戏，为了再现澳门的一段历史。无知者如我，不知究竟，问为何选那么久远的人物，还是外国人。殷先生说，利玛窦是在澳门——就是妈祖阁那个地方踏上中国土地的。利玛窦，我重复着这个名字，搜肠刮肚地想着我所知也是仅知的利玛窦的点滴。忽而想起他的墓就在我家门前，从澳门到北京，这距离已不算近了，在这个名字后面，还连着他的祖国意大利，连着两个古老的国家之间数百年交往的历史呢。嗯，我说，这个戏可做。

半年前，澳门《文化杂志》中文版负责人黄先生来京，操办向国家图书馆捐赠杂志一事，我在捐赠仪式上获赠两本杂志。闲时翻阅，看到一组宗教与绘画的论文，其中提到了利玛窦、汤若望、蒋友仁，还提到另一位意大利人，那就是声名赫赫的宫廷画家郎世宁。我画过几年工笔画，对郎世宁还不陌生，但却是在读这组文章时才知道，他的墓碑也在利玛窦墓旁。那个地方，原是一处私人花园，称为滕公栅栏，自利玛窦下葬于此后，成为滕公栅栏墓地，逐渐成了外国传教士的专属墓地。杂志中还介绍了二〇〇一年在澳门举办的专题展览"海国波澜——清代宫廷西洋传教士画师绘画流派精品展"。我错失良机，未得观赏。这展览是北京故宫博物院与澳门艺术博物馆联手举办的，作品均出自故宫，但这个专题，我印象中在北京也未曾看过。

那么，近在家门口的利玛窦、郎世宁等人的墓，总该去看看了。

二〇〇二年国庆长假中的一天，我和家人遛弯溜达进了市委党校。据澳门特别行政区政府文化局局长何丽钻女士介绍，北京行政学院下属的中西文化交流研究所，二〇〇一年曾与澳门及美国旧金山大学利玛窦研究所合作，出版了《虽逝犹存——栅栏·北京最古老的天主教墓地》一书，恰逢利玛窦抵京四百周年之际。这本书我未见到，估计也买不起，但看看墓地，当不会有什么花销。

转过主楼，穿过园林般的校园，隔着矮墙，就见到苍绿的树丛中白色的墓碑顶端了。我们朝近前走去，只见一对父女模样的人也在矮墙旁边转悠，年长者握着一

利玛窦墓

架望远镜,三个在大院内巡逻的保安正向他们走去。我等三人顺着墙根来到正面,依然是铁栅栏门铁将军把门,只能隔栏凝望。我让儿子跟我一起念三座碑中正中那碑上的文字:耶稣会士利公之墓,这利公,必是利玛窦了。左边的小字实在认不清了,距离远,字迹模糊,两个原因都有。再看西侧那碑,比利公的碑略低,几个大字还能辨得,是:耶稣会士汤公之墓。东侧是谁的碑呢?树叶遮拦,一点也看不见。耳边,传来那年长者与保安交涉着什么的声音。

我退后几步,拍了照片。那对父女过来了,也是隔栏看碑,努力看那些辨认不清的碑文,边念叨边探讨。看不清时,为父者举起了他的望远镜。这人和我年龄相仿,他的女儿可能大我儿子些许,我们交谈了几句,事后回味,蛮有意思。他说,保安不知他举着望远镜朝墓园里张望什么,盘问中似有干涉。这些石碑的含义,我想保安是说不出一二的;不要说保安,让我多讲几句,也会语焉不详的。

——这是利玛窦的墓吧?

——中间这块是利玛窦的碑,骨灰可能早就没了。

——旁边是……

——是汤若望,德国人,准确说是德意志人。

——噢,也是传教士。那边的呢?

——同样。叫什么来着?(回家查书,那碑下所葬者叫南怀仁,比利时人。)

——孩子写作业,要写利玛窦,带她来看看,不然没得写呀。

——对对,该看看。

——你也是孩子要写作业吧?

——不,是我要写作业。

——你写？（对方有点含糊，不便再问了，转了话题）那石门你看了吗？

石门我是看过的，矗在利公墓前十余米处，其间那段距离宛如墓道，致使我曾以为是当初的配套建筑。这次经对话者指点，看到石门边角有一九九三年刻下的文字，大意是此门原立于马尾沟教堂前，因路面扩建，后移一百五十三米。石门门楣上刻着"钦赐"二字，显然是哪位皇上的旨意。想在这周围再寻到些文字说明，却是徒然，堂堂市级文物保护单位，立块铭牌这点事情却没人来做了。

一九七九年版《辞海》中，利玛窦词条这样写道：明末来中国的天主教耶稣会传教士。意大利人。曾任在华耶稣会士的领袖。他在葡萄牙殖民势力的支持下，于万历十年（1582）奉派来中国。初在广东肇庆"传教"。万历二十九年（1601）到北京，进呈自鸣钟等物，并与士大夫交往。主张将孔孟之道和宗法敬祖思想同天主教相融合。也介绍过一些西方的自然科学知识。著译有《几何原本》（与徐光启合译）、《天学实义》《关于耶稣会的进入中国》等。

区区不足二百字，是否算得上准确概括呢？

何局长丽钻女士为前面提到的那个画展所写的"献词"中云："著名的耶稣会学者利玛窦等人，在三四个世纪以前，他们不远万里东来传教，由此带来了西方科学、文化与艺术的信息，亦为欧洲传达了中国文化蕴藏丰富的信息。两个文化背景截然不同的民族，在碰撞之中会通，在互补之中成熟。"作为回归祖国之后的澳门特别行政区政府官员，她是站在澳门的，也是中国的角度回望历史，充分肯定了利玛窦等人所起到的积极的历史作用。

明末思想家李贽的《李氏焚书》和《续焚书》我未读过，但看过其中有关利玛窦的几句评述，他对利玛窦潜心研究儒家经典并与天主教教义做比较研究，是给予肯定的。我国的《四书》是由利玛窦译成拉丁文，寄回意大利的。利玛窦还著有《中国札记》，中华书局一九八三年仍有出版；他的文集，我未查到出版时间，其中应还包括他与李之藻合写的《同文算指》。利玛窦绘制的《坤舆万国全图》（一说称为《山海舆地全图》）是一幅标有经纬度的世界地图，徐光启就是看了这幅图才知道利玛窦这个人并与其相识的。这幅地图如果保存下来，当比朗世宁的绘画作品更具历史价值。北京宣武门附近那座天主教南堂，最初是利玛窦建造的经堂，后由汤若望在其旧址上重建教堂，朗世宁为之画过四幅壁画。如今壁画已无踪影，教堂也几经焚毁和修复，巍然屹立的建筑仍可视为历史的凭证。

余三乐的《杯酒还浇利泰西》一文讲述了利玛窦墓的变迁：一九〇〇年义和团运动中曾被平毁，《辛丑条约》签订后修复，"文革"中再次平毁，墓碑就地深埋。一九七八年，许涤新率中国社会科学院代表团访问意大利，意方提出恢复墓地的希望。回国后许先生写报告向中央反映此事，一九七九年墓碑重竖。

回望利玛窦，我能写出的只有这些了。即便走进墓园，站到碑前看过，我估计也写不出更多的有价值的文字了。但我还是希望有这个机会，希望那道栅栏的铁锁有经常打开的时候，希望近旁有一块比较详尽的文字说明的铭牌，不至于让我，还有那个要写作业的女孩，面对这些石碑时感到茫然。也希望澳门朋友的戏早日写出来，演出来，演到北京和意大利。

二〇〇二年十月八日凌晨
记于京城三塔寺利玛窦墓北

李治华：语文工作者与法文翻译家

二〇一四年三月，习近平主席访问法国，第一站是里昂。在里昂中法大学旧址参观时，习主席见到九十九岁高龄、坐着轮椅前来的旅法华人李治华先生，习主席躬身与李先生亲切握手致意，高度赞扬了李治华对中法文化交流，尤其是在译介中国文学作品方面做出的巨大贡献。此时，李治华已在法国定居七十七年。在媒体报道中看到李家大舅，我感到非常欣慰。我和这位前辈的两次相对密集的接触，都是他回国参观、讲学、访亲会友之际，此外就是书信往返了。

李治华一九八五年回国时，我是第一次和他见面，但有李家晚辈亲属和文字工作者的双重身份，所以他那次行程中的若干项活动，我得以陪在左右，如：去北京站附近的一个小院拜会诗人艾青，通报李治华翻译的艾青诗集《向太阳》在法国广受读者欢迎的情况，我拍下了他二人在院里聊天的照片。去灯市口西街的"丹柿小院"（现已成为老舍纪念馆）看望老舍夫人胡絜青，李治华向胡絜青通报了翻译老舍若干部作品的近况，胡絜青招待李治华喝老北京的豆汁,品尝自家院内柿子树上刚摘下来的柿子。艾青、胡絜青都送了他们自己的书画作品。我还代为联系,而后陪他一起拜会了红学家李希凡,翻译家、作家叶君健,陪他游览了南菜园附近的大观园。那年他七十岁,一点都不像古稀之年的样子。闲时,他向我了解了国内文学创作的现状,评论界对当代作家的看法等。我问他有什么养生的诀窍,他告诉我:他不吸烟,不饮烈性酒,他多年食素,以蔬菜和水果为主。自制沙拉,自得其乐。练习瑜伽,强身健体。之后这些年,他一直和居住在北京的家人通信,他新出版的法译中国文学著作,也都寄赠给我。读到他写的《红楼梦》翻译缘起的长文后,我感到国内对他的了解委实不够,就动用我的关系,在一些报刊上发表了他的数篇文章。谈戴厚英《人啊,人!》译名的文章发表在《人民日报》副刊,评罗大冈诗作的文章发表在《读书》杂志,回忆母亲的文章发表在《散文世界》杂志。二〇〇二年在北京再次见到他时,我说我想为您编本书,他不太相信自己的中文文章能够凑成一个集子,但同意我试试。不久,就从法国陆续寄来他的手稿、复印件、照片及他为《里昂译事》写的个人简历和序文。

二〇〇二年,中国现代文学馆设立"李治华·雅歌文库",文库中最宝贵的是法译本《红楼梦》四千余页的译稿。是年,李治华夫妇应中国作协邀请回国,到文学馆参观并演讲。李治华一口京腔,依然地道,令在场听众很是意外。舒乙馆长告诉他,文学馆是巴金提议创建的,馆名也是巴金题写的。李治华感佩地说:全世界都没有这么大规模的文学馆。

二〇〇五年,李治华的随笔集《里昂译事》在商务印书馆出版。他的自序,开篇即曰:"我是一个语文工作

李治华(左)和艾青

者。"序中提到"我从事翻译"。"翻译"一词后面没有"家"的称谓，但这个"家"，他当之无愧。

作为语文工作者的李治华，一九三七年北平中法大学毕业后赴法国深造，在里昂中法大学获得硕士学位后，退休之前的大半辈子都在法国的学校里教汉语。先是在巴黎东方语言学院（后改名东方语文学院，并入巴黎第三大学），后来调入巴黎第八大学。两处的课时都不多，备课、授课、改作业等加在一起，三天之内足以完成。之外的四天自己支配，李治华几乎全都用在了翻译上面。

最初，李治华没有想到要终身从事翻译工作，一九四二年他开始撰写博士论文《元曲研究》，副论文是一篇元曲的法文翻译。结果，"正论文没有完成，却翻译了五篇元杂剧"。他意识到，这证明他更爱好、更适合做翻译工作。随后，他陆续翻译了他很喜欢的鲁迅的《故事新编》，巴金的"爱情三部曲"之一《雾》和《家》，艾青的诗选《向太阳》，姚雪垠的《长夜》，老舍的《正红旗下》《离婚》《四世同堂》，戴厚英的《人啊，人!》等十余种中国文学作品。耗时最长，也最能体现他的翻译成就的，是他与夫人雅克琳·阿扎雷艺斯（雅歌）合作的法译本《红楼梦》。

一九八一年，法译本《红楼梦》作为"七星文库"的名著丛书之一出版，轰动一时。一九八二年在英国剑桥举行的欧洲汉学会议，李治华以《〈红楼梦〉法译本的缘起和经过》为题，作了专题发言，他自嘲而骄傲地说：用二十多年的时间翻译一部文学作品，大概只有傻子才肯干，不过傻人自有傻福，我在翻译过程中，感到了充实、愉快和幸福。

少年生活与《红楼梦》几可呼应

祖籍安徽亳州、一九一四年生在北京的李治华，少年时因父亲担任顺天府尹何乃莹两个孙子的家庭教师，自己一家也住进了府尹家的西跨院，此处位于宣武门外的教子胡同。《红楼梦》里的人物命运、生活场景、民风民俗等，许多都与李治华在府尹家的所见相吻合，其中包括府尹去世后其家族的子息维艰和逐渐走向衰落，最后卖房分家各奔前程，与《红楼梦》几可互为印证。《红楼梦》里有茗烟到书坊为宝玉买书、宝玉偷读《西厢记》被黛玉发现、黛玉读过后不慎引了几句曲文、宝钗听出后教训了她一番的故事。李治华十岁刚出头时就跟着何府的王姑娘一起读石印的旧小说，上高中时还帮助何家的使女兰子买书，有一部在东安市场买的《金玉缘》（其实就是《红楼梦》成为禁书后的代用名）。书虽被禁，书铺照卖，书名虽改，内容不变。没过几天，兰子的《金玉缘》就被何家二少爷发现，立刻没收了。二者何其相似！

二十世纪五十年代初，联合国教科文组织邀请巴黎大学比较文学教授艾迪昂伯规划一套中国文学作品的法译，并列入《世界文学代表作丛书》。他问李治华想翻译什么，李治华立刻答道：《红楼梦》。雅歌是法国人，她和李治华在教书育子之外，唯一的消遣就是买书、看书。阅读能增进个人的修养，但还能做些什么，才能在当时那危机四伏的世界上起一点积极的作用呢？他们想到了翻译中国文学作品。两人一个精通起点语言，另一个精通终点语言，这种合作，堪称绝配。按规定，每部名著的翻译都要请一位文学素养深厚的人做校阅，为法译本《红楼梦》安排的校阅者是铎尔孟（Andre d'Hormon，字浩然）先生。他是一位诗人，也是一个教授，曾在中国居住了四十八年。李治华在北平中法大学读书时，法国古典戏剧、法国诗和中译法的翻译课程，都是铎尔孟先生教的。一九五四年铎尔孟刚回到法国，就接到了这一邀请，签订合同后，他把一生的最后十年都奉献给了这部巨著法译本的修润工作。十年里，李治华每周二下午都要乘长途汽车去巴黎北郊二十多公里之外一个叫华幽梦（Royaumon）的地方与铎先生见面，风雨无阻。那里有一个建在十三世纪修道院旧址上的国际文化中心，铎先生回法后长住此地。李治华去那里，一是面交新的译稿，二是听铎先生对前次译稿的修润意见，有些地方还要一起探讨。一到暑假，李治华就在华幽梦住几个星期，与铎先生朝夕相处，随译随改。一百二十回译完，铎先生对于自己的修润仍不满意，又开始二次修润，可惜的是，他没有做完就于一九六五年病逝了。

在法国，几乎没有职业翻译家，主要原因是报酬太低。翻译也是件吃力不讨好而又不被重视的工作。但既然选择了它，李治华就没有后悔，而且格外认真。以《红楼梦》中的人名翻译为例，他最初采用的是比较简易的音译，铎先生却主张意译，这无形中为翻译增添了许多分外的工作量。先是要在卷首列出音译与意译的人名对照表，一个按汉语拼音音序排列，一个按法文翻译音序排列。看这份对照表中的汉语拼音音序表，就可看出，有不少同音的人名，只看音译，绝对分辨不清，经过处理（使用了两个法语同义词），就能分清贾珩与贾蔷、贾珍与贾蓁了。小说中贾氏五代，第一代兄弟二人都是单名，都是水字旁的字；第二代都是双名，都有个"代"字；第三代都是单名，敬、赦、政、敏，都有反文；第四代除宝玉外都是单名，都从斜玉旁；第五代也是单名，都有草字头。意译保证了读者能够分辨清他们的辈分。紫鹃,意译为"杜鹃的啼声";袭人,意译为"难以抵御的香气";宝、黛、钗三人名字的意译也都下了功夫。

一九八一年《红楼梦》法译本出版那天,李治华激动地写了一首小诗:

胸怀壮志走他邦,迻译瑰宝不知狂。
卅年一觉红楼梦,平生夙愿今日偿。
(《红楼梦》法译本今日梓行,人世沧桑,几经辛苦;青春何在,而白发凋零矣!译此巨著,或可自慰慰人欤?)

《家》的翻译使他与巴金先生结缘

译介巴金先生的《家》,也是一件相对漫长的事。翻译这本书用了两年左右的时间,那是在翻译《红楼梦》之前。出版社看过后,认为稍嫌过长,要求做些删节。李治华小心翼翼地删了很少一些内容后,得到出版社审稿员的认同,还请友人李凤白画了封面,但却未能出版。后来李凤白回国,在外文局的出版社法文组工作,曾就这个译本在国内的出版,征询巴金的意见。巴金寄给他一个删节本,李治华看了删节本后,觉得非常可惜,犹豫之间,未把译稿交给外文社,此事就因《红楼梦》的翻译而搁置一边了。二十世纪七十年代末,李治华又想起这部译稿,托同事找出版社接洽,最后由艾贝尔出版社和弗拉马利永出版社两家合作印行。出版社提出邀请巴金来法访问的请求,李治华先与我驻法使馆文化处联系,文化处告之可与巴金直接联系,只要他愿意,使馆一定协力办理来法手续。李治华随即给巴金去信，还附上了出版社的邀请函。巴金在一九七八年十一月二十七日的回信中表示，他接受这个邀请，因为他在五十年前到过法国，住过一个时期，在法国才学着写小说，写了他的第一个长篇《灭亡》，他对法国人民有感情，很想在搁笔之前看看今天的法国。次年四月，以巴金为首的中国作家代表团访法近二十天，代表团成员包括：孔罗荪、徐迟、李小林和高行健。

李治华此前未与巴金见过面，但神交已久，书信交往，互赠照片，使彼此之间已不陌生。得知巴金还计划写两部长篇，他就问巴金能否把内容和题目用一句话告诉他。巴金在那年三月给李治华的信中说：下一个长篇刚刚开头，是写一对知识分子在"文革"中的遭遇，名字是《一双美丽的眼睛》。李治华表示，他愿把这部小说也译成法文。巴金说，这个小说不一定写得好，不过要用全力写（可惜最终没有写完）。巴金访法那些日子，李治华全程陪同，还分担了部分口译的工作。到达巴黎后，巴金的第一个愿望就是去伟人公墓瞻仰卢梭的雕像。遗憾的是，他们见到的是一尊石雕，而不是巴金五十年前所见的铜雕（已在战争中被德军熔毁，改作了武器）。李治华后来说：在那里，巴金沉默了片刻。他回国后对这次的瞻礼写了深合我意的两句话——"我在《忏悔录》那里得到了安慰，并且学会了说真话"。二〇〇二年，李治华在中国现代文学馆演讲后，步出文学馆某厅时，我指着玻璃门把手的地方告诉他：这是用巴老的手模铸造的。他听后眼睛一亮，认真地把自己的右手按在那个把手上，停顿了片刻。那片刻，我相信，他一定再次感受到了巴老的心声。

约在二〇一四年习主席访法后不久，商务印书馆通知我：《里昂译事》将要再版。亦于此前，我在东官房旧居的书柜中又找到一包李先生寄来的资料，于是我与编辑商议：与其再版，不如改出增订本，容我再补入几篇文章。编辑允，并将增订本列入了"碎金丛书"第三辑（二〇一六年五月出版）。

整理后增入的三篇文章是：一、《〈红楼梦〉与〈追忆似水年华〉》；二、《略谈当代法国文学》；三、《〈故事新编〉法译本前言》。前两篇都是李先生为一九八五年回国所准备的演讲稿，讲于郑州、南京的高校。当时，《追忆似水年华》的中译本还没有出版，杜拉斯的作品似乎也尚未翻译出版，所以可以说这两篇演讲的内容都有一定的信息量。于今虽说读来有时过境迁之感，但也可以看出老先生对中法两国文学的发展一直是密切关注的，他的评价也是及时和准确的。第三篇是其由法文自译回中文，可以简约地看出作者对鲁迅的认识和感受。遵照编辑提议，我对全书的顺序做了调整，分为三个部分，即：译事、谈艺、阅世。突出"译事"，"译"领全书，与书名更吻合，也更具李治华先生这位大翻译家的特色。

这是《里昂译事》增订本"增订后记"的主要文字，最后的一段文字是：时在二〇一五年二月，农历马年腊月小年，亦逢李治华先生百岁之年。记于上海绿茵苑。

二〇一五年九月二十一日，李治华先生以过百之高龄逝世，葬于雅歌的家乡Blanzy小镇，李先生译为"白朗集"。舒乙去那里取回李先生捐给中国现代文学馆的《红楼梦》法译本手稿后，将小镇的名字译为"泊郎驿"。于李先生来说，这个译名也颇耐玩味。

百岁李治华，若说其一生中有什么遗憾，我或许略知二三。他的母亲是因难产而亡于一九二五年的,下葬的墓地后来夷平,建成清真寺。一九七四年李治华回国寻访旧居后写下《追忆母亲》一文,最后一句写道:"我连她的一张照片也没有,可是她那慈祥、恬静的音容笑貌却清清晰晰地呈现在我泪花闪烁的眼帘里。"

附:与《读书》和扬之水相关的一件小事

我购买《〈读书〉十年》(扬之水著)是二〇一九年的事。书是日记体,或者说就是日记。才女日记,名刊侧记,以这种文体记录这本名刊的十年,勾起了我的好奇,我想看看其中有没有我参与过的"一件小事"。书读完了,想看的文字却没见到,只能翻找出我家里留存的资料,做一个稍微详尽些的记录。

我与《读书》无甚联系,与扬之水的联系也仅限于为一篇他人的稿件做了一点联络工作。那时扬之水女士是《读书》的编辑,名赵丽雅。所谓"他人",指的是旅法翻译家李治华先生,"稿件"指的是他评介罗大冈诗集的一篇文章。李先生一九八五年那次回国讲学、探亲时与我结识,此后他在国内发表文章、编辑文集等事,多委托我代办。

一九八八年一月十八日,我收到赵丽雅的一封来信,信封是《读书》编辑部特制的,上有手书"赵"字,收信地点是我当时的工作单位,那时我在《中国文化报》编副刊。赵信如下:

蒋力先生:你好!
李治华先生惠予《读书》之大作转至我处。初阅之后,认为较好,拟近期刊发。今特欲就两事相商:① 题目须改换一下,原题《喜读罗大冈诗》,似嫌太平。

② 谈作者生平及著作部分是否作些大的删节,简单几句带过,而重点落在论诗部分。因文章是写给国内读者看的,大家知晓的,就割爱罢。未知尊意如何?敬请斟酌。

转我之信中尚提及李治华先生有意在三联出版他的著作。此议甚好。因拜请他考虑一个目录,字数在十五万字上下,杂之中有特色,则作"读书文丛"出,最宜。此事亦并烦请您转告。

谨恭候回音。

即颂

安好!

赵丽雅(《读书》编辑部)
一九八八·一·四

(不知先生手中是否有李先生所评的这两册书,若有,可否借阅,以便斟酌配图。)

一九八七年十二月五日,法国文献处理出版社在里昂圣·让广场的青年宫举行了一个盛大的诗歌晚会,介绍该社新出版的罗大冈法文诗集《玫瑰与净盆》。罗大冈先生因病未能远赴法国,在北京大学燕东园的寓所里,他刚刚写完中文诗集《无弦琴》的后记。经他向出版社推荐,李治华夫妇应邀参加在里昂的这个活动,李先生在晚会上还讲了话。随后,他撰写了万余字的有关罗大冈两部诗集的书评。他在十二月十三日给国内家人的信中写道:

……作一份影印,另函寄上,请蒋力过目,如有错别字和不妥之处,请他改正以后,转交北京的《读书》杂志编辑部。该部曾托我的朋友周庆陶(巴黎著名记者、科技翻译专家）向我征稿，并请周君为我写一篇传记将在该刊发表。最近该刊还发表了一篇介绍我的短文，是南京大学外国文学研究所主任徐知免同志写的。我已将此文影印一份寄给罗大冈，请他改正，等收到他回信时再给你们写信。听周君说《读书》稿件甚多，最快也要等两三个月才能发表，所以请蒋力尽早把此文交给该社，并且通知他们，说我等得作者回信后还要作一些修改。

我今已回忆不清当时是怎样与《读书》编辑部接洽的了，唯可肯定的是我与赵丽雅没见过面。接到她的信后，我立即函告李先生。一九八八年三月初，收到他的修改稿，转给赵丽雅，当年第五期《读书》以《玫瑰与琴——读罗大冈的两本诗集》为题，刊发了李治华评介罗大冈两部诗集的文章（篇名巧妙地从罗大冈的两本诗集名提炼而成，足见编辑的功力）。另一篇专门评介罗大冈法文诗集的文章，则在我手里压了下来。为这两篇文章，罗大冈也给李治华回了不止一信，其中一次往返的信，李先生给我复印了一份。罗先生劝李先生少谈政治，尽量不涉及他在"文革"背景下创作的那些诗。字里行间多显出罗先生的心有余悸和谨小慎微。他们还就一些词语的翻译做了切磋。李先生宽慰罗先生说：为了不给你惹麻烦，已按照你的提议修改拙文，虽然我并不完全同意你的看法。

身为北大西语系教授的罗先生，不以诗歌创作名世，很多人都不知道他写诗，更不清楚他能以法语写诗。李治华早年在北平和里昂的中法大学与罗大冈同学，几十年交往未断，由他来评介罗大冈的诗歌创作，自然是再合适不过的人选。

我也辜负了赵丽雅的另一个好意，没有及时编出李治华文集篇目，失去了将他的随笔集列入"读书文丛"在三联出版的机会。直到二〇〇五年，我才有时间为李先生编了一本《里昂译事》，在商务印书馆出版。评介罗大冈诗集的两篇文章，都收到这本书里了，而且是按照李先生的修改稿编辑的。书中，还有一篇二〇〇〇年李治华为《罗大冈文集》写的前言。《里昂译事》这本书，二〇一六年以增订本再版，并列入商务印书馆的"碎金文丛"。

话题回到扬之水（赵丽雅）。我注意到她在后记中说，这几十万字都是挑选出来的，删去的是一些她认为的"琐事"。我也注意到，书中几乎没有她与《读书》作者通信的记录。不知这一部分是原本就没记入日记，还是按"琐事"删去了。在我看来，是个不小的遗憾。

二〇二〇年一月二十一日记

李德伦：『命运』的交响

二〇〇二年六月，李德伦墓在河北易县落成，墓碑是一座黑色大理石铸就的指挥台，无言，无声，又如期待，召唤。我分明听到李大爷的声音：交响事业待后生！

一

李德伦先生是我非常敬重的一位指挥家，在中国交响乐事业的历史上，他是一本大书，一面大旗，一棵大树。这本大书教导过我们，这面大旗引领过我们，这棵大树庇护过我们。我多次聆听过李德伦指挥的交响音乐会，三十多年来我也听过不少世界级大师指挥名团的交响音乐会，回过头来看，我认定最初听到的那场音乐会，是对我的一次音乐启蒙。这种精神意义上的启蒙，足以让我享受终生。三十多年过去了，当年的往事仍历历在目——

一九七七年三月，我第一次现场聆听了李德伦指挥中央乐团的交响音乐会，那年我十九岁，李德伦六十岁。

那台音乐会的名目是纪念贝多芬逝世一百五十周

李德伦墓

年,演出地点是北京的民族文化宫礼堂,公开售票,每人限购四张。我那时恰好中学毕业在家待业,正处于何去何从茫然不知的状态,看到报纸上的消息就决定去买票。我起了个大早,不到七点就赶到了民族文化宫。门口已排起了长队,有人发号儿,队伍最长时,队尾甩进了礼堂东边窄窄的胡同。

李德伦给我的第一印象是威严。那天的音乐会由电视现场直播,台侧架着晃眼的大灯。演奏《命运交响曲》(我们常说的"贝五")之前,身材敦实的李德伦站在指挥台上,屏住呼吸片刻,又转向台侧,低沉着声音说:"关上!"没人理他,他索性走下去交涉,但还是无效,只能回到台上,任大灯照着,开始演出。那时的电视设备比较简陋,只能开大灯,以保证光线。为了顺利直播,李德伦也只好将就了。

那台音乐会在海内外的反响之强烈,是出人意料的。外电纷纷报道,认为中国人公开演奏贝多芬是一种"政治解冻"的象征。李德伦远在上海的老学长、上海交响乐团指挥家黄贻钧先生看了电视直播,次日即写信表示祝贺,信中说:"……你们的演奏是热情的,令人振奋的,你的指挥语言是生动的,听众的经久不息的掌声是少见的。这次演出在国内外所引起的反应和影响已是和将是强烈和深远的。我热烈地祝贺你团演出成功,并为交响音乐会获得新生而欢呼。"

字里行间,可以感受到那时的背景。那是春寒料峭的季节,被十年"文革"折腾得精疲力竭的中国,尚未完全恢复元气,敏感的音乐界,借着贝多芬的力量,揭开了生命复苏的乐章。然而,坚冰还没有全部破除。

威严的李德伦指挥的贝多芬作品,给我的是一种从未有过的满足。此前,我在家里曾听过《命运交响曲》

的唱片，那时，谁家里若有一台电唱机，有几张胶木唱片，都属于奢侈品了。我家的唱机是从信托行（东单三洋旧货商店）买的，唱片的来源则更离奇——小叔叔去废品收购站卖废品，发现那里有成堆的老唱片，他问人家卖不卖，人家说"论斤约（读 yāo，过秤的意思）"，他就背回来一麻袋唱片。我们关上门窗，拉上窗帘，一听就是半天。我听的第一部交响曲就是《命运》。从时间上推断，那时李德伦在台上只能指挥《沙家浜》或是《黄河》。

我辈喜爱音乐的人都记得，小泽征尔是我们最早见到的外国名指挥之一，一九七九年，小泽征尔率美国波士顿交响乐团来访，与中央乐团的合作演出，破天荒地允许观众看走台排练。那时我已上了大学，意外地得到一张票，是上午的，我索性逃课，去首都体育馆观赏了两个乐团的走台。记得中央乐团的一位演奏员拉完《白毛女》组曲中的那段板胡独奏后，美国的演奏家们都放下手中的乐器，不约而同地为他鼓掌。记得有一个日本的电视摄制组在现场拍摄，一位摄像师跪在小泽脚下，扛着机器仰拍，那姿势看着就很累，但摄像师似乎全然不顾。还记得穿着中式制服的李德伦也在现场，手里拿的不是指挥棒，而是照相机。他坐在乐队后面听排练，乐队休息时，他就走到跟前去拍照，有的美国人朝他打招呼，他也点头笑笑。后来我才知道，那段时间里他先是称病躲过了一次政治审查，查出毛病后做手术，切去了一个肾，渡过了一次生命的难关。

七十年代末，李德伦开始到高等院校和机关厂矿做交响乐普及讲座，我也是众多受益者当中的一个。一九八〇年六月的一天下午，还未下课，我就坐不住了，急着去另一栋楼里的阶梯教室占座位，那天是李德伦先生到北京师范学院来办交响乐讲座。他以贝多芬的《命运》为主，给我们讲解了交响曲的结构和特征，还提到柴可夫斯基的《悲怆》和肖斯塔科维奇的第十交响曲。教室坐得满满当当，李先生边放音乐边讲解，讲得既风趣又扎实。他穿了一件短袖白衬衫，右手常做出半握拳挥舞的动作，胖胖的拳头，给我印象很深。我印象中听唱片和看李德伦演出的往事不时与眼前的场景叠加，那种状态若化作音乐，大概也可以叫作交响了。那只是李德伦不辞辛劳数百上千次普及讲座中的一场，二十年来，他讲遍了北京的所有高校，他的足迹还遍及全国几十个城市，听众从工人、学生到省部级干部无所不包。身为国家级乐团指挥的李德伦意识到，交响乐的普及，一定要从观众做起，而年轻的学生，是未来的最可靠的基本观众。

一九八六年一月四日，北京音乐厅举行隆重的重建开业揭幕仪式，我有幸躬逢其盛。音乐会中间休息时，刚刚担任过指挥的李德伦又以音乐厅重建过程的历史见证人的身份，向观众简单介绍了音乐厅的历史，甚至说到现在电力不足，台上的光线偏暗。中央乐团合唱队的演员们都坐在台上，成了李先生的听众。

那年春天，山东艺术学院一批刚毕业的学生组成青年交响乐团，邀请李德伦前去辅导。李德伦抓住这个时机，着力宣讲交响乐在精神文明建设中的作用，又亲自指挥该团，成功地开了几套曲目的音乐会，在济南掀起了一股"交响乐热"。省委领导出席音乐会，现场办公，果断地把这个团并入了山东歌舞剧院。我以《人民音乐》杂志特约记者的身份专程赴济南采访，感受着德沃夏克《新世界交响曲》的冲击力，写出了一个艺术团体的体制改革调查报告。当年，李德伦还把这个乐团带到了北京，向首都观众汇报。新闻发布会上，我又一次领教了李先生的威严。当时他正讲话，我自恃去过济南，了解些情况，就向坐在近旁的同行低声道来。李先生听力过人，朝这边瞪了一眼，斥责道："谁不愿意听？外边说去！"我不知天高地厚，还要解释："我说的也是山东的……"他拦住我的话："听你的还是听我的？"我只好说："听您的听您的。"这才罢了。那台音乐会上，乐队的发挥他显然很满意，返场的《卡门序曲》他连指挥棒都不拿，胳膊也不抬，身体有节奏地上下颠动、两肩时而微耸，就替代了惯常的指挥动作，令观众大开眼界。

一九八七年三月，盛大的"交响乐之春"演出活动在首都体育馆举行，北京所有的乐队都参加了这个活动。威风堂堂的李德伦迈着稳健的步履登上指挥台，担任了阵容达八百人的大型组合乐队的指挥，演奏的是柴可夫斯基的《一八一二序曲》和李焕之的《春节序曲》。我那次没有采访任务，坐在体育馆里，和普通观众一样，为这盛大的场面而激动，为交响乐激动。

一九九〇年适逢柴可夫斯基一百五十周年诞辰，这一年被联合国教科文组织指定为"柴可夫斯基年"，国内四单位联合主办了持续两个多月的纪念音乐会。李德伦在新闻发布会上讲了许多与老柴相关的往事，那是我第一次以记者的身份向李德伦提问，仅我当场记下来的就有：李德伦六十年前（中学生）初次听"柴六"，感到精神世界更充实；日军占领北平后，一个同学失落消沉，听了"柴五"之后为之一振，去了延安；李德伦一九五一年为抗美援朝演《一八一二序曲》；留苏归国首场音乐会指挥"柴六"；一九八二年在北京海淀剧院演"柴六"，一个失恋女工听后来信，原要自杀，从音乐中感到生活的美丽，感到应该坚强地活下去；还讲到《一八一二序曲》两种版本的区别,讲到中国音乐家在历届柴可夫斯基国际音乐比赛中的获奖情况,讲到老柴作品的旋律性强,容易理解,听老柴的音乐,如同读俄罗斯作家契诃夫、果戈理、托尔斯泰、屠格涅夫的作品。

那天的新闻发布会时间格外长,原因一是李德伦讲话篇幅长,二是身为记者的我问到一九七七年纪念贝多芬音乐会的情况,李德伦讲起往事,一发难收。我边听边记边想,这个老人的一生中,有这么多关于交响乐的故事,他的一生,也染上了交响乐的色彩。这些交响乐般的故事,人们会感兴趣吗?

二

二十世纪九十年代中期,我在北京音乐厅工作时,经常有接触李德伦先生的机会:请他参加我们召集的音乐座谈会,随他在音乐书店选书,陪他在马路对面的小饭馆吃锅贴、喝小豆粥。望着李德伦先生那大提琴般厚厚的背影,我曾冒出这样一个想法:为李德伦先生拍一部纪录片。趁着他腿脚还利落,思维还清楚,陪他走走他小时候在北京常去的地方,陪他出一趟远门,到上海、延安,甚至莫斯科这些地方,旧地重游。他经历过的事情相当多,在当年生活、学习和工作过的地方,再请他重新回忆往事,回顾交响乐在中国的发展进程,以此构成一部纪录片的主线,一定很有价值。类似的片子,近年内出现过,但在我之前没有人意识到李德伦也可以成为这样一部片子的主角。我徒有想法,两手空空,口无游说之才,只能眼看着幻想变成泡影,眼看着李德伦先生渐渐离不开轮椅,最终离我们远去。

我想象中的摄影机遥对着北京古城的一片胡同,镜头慢慢推进,渐渐出现了某一胡同的特写——

一九一七年六月六日，李德伦出生在北京前门外鹞儿胡同三十一号。那一年是民国六年，李德伦出生的时间是民国六年六月六日早晨六点。四个"六"，加倍的六六顺。说"顺"是图个吉利，如果人的一生真能依此而定，那就过于迷信、过于唯心了。

李德伦的童年，是他父亲官运亨通的年代。父亲李宏春在短短几年里升至陆军中将军衔，有钱有势。童年的李德伦被称作"李五少爷"，从他最早拍摄的照片上可以看出，他有漂亮的长袍马褂和靴子，一副小官人的样子。音乐启蒙于他来说可能比别人要早一些，因为母亲铁敬欧是学师范的，家里还有一台凤凰牌风琴，很小的时候母亲就开始教他唱歌了，第一支歌叫《春之花》，直到晚年他还记得这支歌的调子。那时，家里免不了经常请客，说评书、说相声的，唱大鼓、唱莲花落的，络绎不绝地在李家出现。京剧老生名角余叔岩余老板也住在鹞儿胡同，他和李宏春是莫逆之交。李宏春也是个票友，李德伦看过父亲票戏，据说他和杨小楼、马连良都过从甚密。戏曲和曲艺对这个少爷的影响，并未使他满足。家中曾出现过一个拉小提琴的人，既拉京剧，也拉外国曲子，李德伦听不出他拉琴有多好。后来才知道，父亲的这个朋友叫王汉卿，是袁世凯总统府乐队的队长。离家很近的开明电影院是李德伦常去的地方，那会儿还是无声电影，影院里有专为电影配乐的乐队，中间休息时，乐队就单独演奏一些曲子。

在那军阀混战的年代里，生活难以稳定，即便像李家这样的官宦人家也不例外。不到十年间，李家曾先后搬到天津、长春、哈尔滨和丰润老家，最后又迁回北京。父亲请到家来给李德伦教私塾的老秀才刘稹，是个很有思想的人，李德伦记得他对当时的音乐也有看法，认为外国音乐虽不好听，但还傲横有劲，而中国音乐却都是靡靡之音。

一九三〇年，李德伦考入师大附中。那些年里，他热衷的课外生活是读名著、看电影、郊游、与要好的同学聊天及体育运动。在音乐老师吴中正的课上，李德伦第一次认识了五线谱，并开始领略到艺术的魅力。吴老师弹奏的贝多芬的《月光奏鸣曲》给李德伦留下很深的印象，令他感到有一个美妙新奇的艺术境界在呼唤和感召着他。他开始随吴老师学钢琴。附中只有一台钢琴，这难不住他，因为还可以去师大练琴。夏天的琴房里蚊子特别多，那也没关系，带上蚊香就是了。

难以想象的是，李德伦一边专注地收听着电台播放的外国古典音乐，包括歌剧，一边坚定了跟共产党走的信念。他参加了一二·九运动之际成立的民族解放先锋队（简称"民先"），又经高中同学李琦介绍，加入了少共（CY），一九三六年底，被批准转为中共党员。那个冬天，比李德伦大八岁的音乐家吕骥专程从上海来到北平，组织起"北平歌咏团联合会"，直接投身救亡运动。李德伦和他的同学冯灿文都是"歌联"成员，每星期活动时，都由吕骥教他们唱新创作的歌曲，还给他们讲授一些音乐知识。西班牙内战开始后，吕骥写出了他最具代表性的歌曲之一《保卫马德里》，北平歌联就是最先演唱这首歌的群众团体。

一九三八年，李德伦进了辅仁大学，选择了课时最少的历史系，因为家长不同意他学音乐，所以他暗自打定主意，利用课余时间自己去学。辅仁的卢华伯神父每个星期天都要在西什库的天主教北堂、协和医院礼堂或南河沿教堂开管风琴音乐会，李德伦是几乎场场必到的听众。辅仁大学管乐队成立后，李德伦是吹长笛的队员；组成管弦乐队后，他又成为拉提琴的队员；搞唱片欣赏会时，则由他负责讲解——此生李德伦不知举办过多少场交响乐普及讲座，谁曾想到，这份工作他从大学时代就已开始了呢？那时的听众又何曾会想到，这个讲解西洋音乐的学生，已在阅读英文版的《资本论》和中译本的《政治经济学大纲》及《哲学大纲》了呢？

仍在坚持"民先"地下工作的李德伦，此时却失去了组织联系。一九四〇年，同学冯灿文来信，鼓励他去上海报考音专。在母亲的支持下，李德伦告别北平，带着自己用零花钱买的一把日本铃木牌小提琴，继续向音乐殿堂走去。

三

上海求学那些年，是李德伦艺术生涯中相当活跃的一个时期。他不仅继续学音乐，还当了兼职的话剧演员。直到晚年，别人称他指挥家时，他仍要纠正人家，说他只是个演员。在帮助李先生编书的这几年，我不止一次听他讲述过那些年的故事。

一九四〇年的上海，已被称为"孤岛"，连上海国立音专这样的学校都不能公开挂牌了，但在萧友梅校长主持下的音专，教学活动仍在继续。报考小提琴和作曲专业的人很多，理论专业李德伦又底气不足，所以他选择了大提琴专业，拉了一段《希伯来旋律》，就顺利地通过了入学考试。

老同学帮助李德伦找了个住处，家徒四壁，只能打地铺。

有"远东第一乐队"之称的上海工部局乐队，是中国资格最老的交响乐团，国立音专的很多外籍教师都是工部局乐队的演奏家，李德伦的主课教师舍甫磋夫原来也在这个乐队拉大提琴,而且是声部首席。听工部局乐队的演出,引发了李德伦对乐队现场演奏交响乐的兴趣,此后,他不仅音乐会场场必听,还带着总谱去听排练。学音乐的人,背谱是免不了的,有了自己的床之后,李德伦喜欢躺在床上背谱。有个同在上海的亲戚发现,李德伦的父亲常托人给他带生活费来。亲戚是学医的,他建议李德伦用一部分钱去做点买卖,比如,买一箱维生素(那时叫维他命),存在床底下,一个月后再出手,就能卖出翻倍的价钱。李德伦想了想,躺在床上背谱时,要是老惦记床下有箱维他命,能赚多少钱,还有心思学音乐吗?算了吧。

一九四一年,名导演费穆组建上海艺术剧团,其中包括一个由音专师生为主的配音乐队,演的第一出戏是《杨贵妃》。恰巧此时,在乐队中拉大提琴的纪汉文有事请假,就找来他的同学李德伦代替。后来李德伦追随黄佐临先生,又陆续出现过两次替代,一次是演员张伐生病,李德伦自告奋勇,替他上台演戏,开启了他的话剧表演生涯;另一次是指挥郭元同生病,李德伦替代他指挥乐队,开启了他的音乐指挥生涯。

黄宗江在一九九九年末为《李德伦传》所作序中这样回忆那时的生活:"德伦和我,还有我的两位燕京同学,四条汉子住进了一间楼顶屋,我们共同的小妹黄宗英和租来的钢琴在楼下客堂。我们那时都喜欢好莱坞影片中肥而怪却以演技取胜的查里斯·劳顿,德伦自许形肖,乃取艺名劳顿。这劳顿的表演却太超脱,难以入戏。如一次演《林冲》中的杀手薛霸向林冲喝道'阎王叫你三更死……'猛解腰带,却将怀中一大本美女封面的《万象》杂志撒落台口,引起哄堂。后来德伦和我们共同的恩师黄佐临一起终于给劳顿找到了一个好出路,即为话剧配乐。"

一九四三年起活跃了大约两年的苦干剧团,对启迪李德伦的艺术天分起到了很大的作用,他在为话剧配乐的过程中练就了一手绝招,叫作"看道儿",唱片纹轨的位置,是音乐的什么地方,他已烂熟于心,唱针放下去,就是该用的音乐,从未出错。对音乐的选择,他也有相对多的自主性。比如为了演《未来世界》,他去唱片店选购了斯特拉文斯基、普洛科菲耶夫、勋伯格等现代派作曲家的曲子,连唱片店的洋老板都感到惊讶。在演戏方面,却总要出些笑话,以至他的艺名偶尔也会出现在小报上。劳顿这名字上了报,他就改名企洛(大提琴的译音),后来又叫李推,还想叫李浪。缘由是剧团的薪水往往支撑不了半个月,他就预支下个月的薪水,大家说这叫一浪推一浪,争相效仿,成了"推浪"。谈到这些事时,李德伦对我坦言:"那时我不会演戏,也找不着如何演戏的路子,很笨,黄佐临先生很注意开导启发我,教我从自己身上想办法找戏,他给我导的戏都很成功。他执着钻研的精神给了我很大启发。"黄宗江描述那种生活状态时说:我们确和"波希米亚"、普契尼那歌剧《艺术家生涯》中的人物相近,我们贫穷、浪荡、钟情,我们钟情艺术,钟情友谊、爱情。

演戏与演奏,戏剧与音乐,对那些年的李德伦来说,几乎没有主副之分,他和音专的同学一起搞的乐队一直坚持排练,并试办一些音乐会。一九四四年,这个乐队定名"中国青年交响乐团"。乐团中一个拉小提琴的姑娘,那时已是李德伦的女友,这个爱唱京剧的姑娘名叫李珏,后来与李德伦结为终身伴侣。

李德伦的父亲那时已没有固定的工作,他几次到上海看儿子,也想托朋友找点事做。一次,李德伦请父亲去看话剧，那天的戏是由李德伦指挥乐队。事后李德伦自然想听听父亲的反应。五十年后，在高莽为李德伦画的一幅漫画像旁，李德伦题写了这样一段话："行家大师们云，夫指挥者，以不妨碍乐手们的演奏为首要任务。忆五十年前，余在沪初试指挥，适父自北方来，听后我问如何？父曰：没有你不也行吗？可见余当时已得指挥术之三昧矣。"

他一直试图找到党的关系。在苦干剧团，他得知好友白文是地下党员，向白文讲述了自己参加抗日救亡活动的经历。白文在撤离上海之前，把苦干剧团的地下工作交给了李德伦，告诉他发生紧急情况时可以去找董乐山。在音专学生抵制校方向敌伪政府献媚的运动中，李德伦发现同学中的瞿希贤等人可能是地下党员，就采取配合工作的方式支持他们。按瞿希贤的要求，李德伦认真写了一份自传，准备交给组织，没想到和《文汇报》记者黄裳一起看电影《鸳梦重温》、吃饭、聊天，忽然发现，揣在兜里的自传不翼而飞了。为免暴露，必须尽快离开上海。瞿希贤建议李德伦去香港，李德伦自己则想到了延安。他找到欧阳山尊，表示了自己想去延安的愿望。几天后欧阳山尊答复说：周副主席很欢迎你去延安，说那里正缺这样一个人呢。

一九四六年十一月七日，李德伦接到父亲病逝的电报，旋即又接到周公馆让他马上出发的电话，他选择了延安。他对李珏说，少则三年，多则五年，我就回来了。李珏的嘱咐是：以后勤快点。

深夜，他带着自己的大提琴、乐谱和书籍，离开了生活了六年的上海。次日天亮抵达南京，李德伦自己租车找到梅园新村十九号，他边敲门边说："我是上海来的，姓李。"里面传来一个亲切的声音："是李德伦同志吗?"门开了,李德伦觉得像是回到了家一样,他很久没听到"同志"这种称呼了。

四

一九四六年十一月十日,李德伦来到他向往已久的延安,担任中央管弦乐团的教员,开始了住窑洞、吃小米的生活。

对于我们这些永远无法亲临其境的后辈人来说,几乎不可想象在延安那样艰苦的战争年代中竟能诞生一支管弦乐团。一九九八年,借《黄河大合唱》创作和首演六十周年纪念之际,我随一电视摄制组飞到延安。飞机上有一群老人,他们都与延安有着千丝万缕的关系,其中的金紫光先生,就是当年延安中央管弦乐团的副团长。飞到陕北高原上空时,老人们争相朝窗外眺望。我知道那奇特的地貌叫塬,我知道穿行其间那闪亮的一线是黄河,我还想知道曾经发生在那里的更多的故事。那架飞机不大,遇到气流时颠得厉害,我坐在最后一排,强忍着颠簸造成的恶心,又一次想到我想为李德伦先生拍的片子,也回忆着李德伦先生讲过的他二十九岁那年初到延安的情景。

一九四四年七月十九日,在周恩来的提议下,"中央管弦乐团"在延安成立,不仅举行了音乐会,还拍了一张合影。那时演奏的乐曲,有三首"看家"作品:贺绿汀团长的《森吉德玛》《晚会》和《胜利进行曲》。演过多少场?数不清了,李德伦称之为"爆三样"。

李德伦这个教员,从小提琴、大提琴到长笛、双簧管都要教,还有些乐器他也不会,那就边看书学习边教。乐团当时的任务除了学习,就是排节目,演出歌剧《蓝花花》时,第一次由管弦乐团伴奏。乐团自此开始搞戏剧、歌舞，小戏《送公粮》《兄妹开荒》，以及一些歌舞节目，都是那时排演的，李德伦也在其中扮演过大头兵的角色。

一九四七年二月二十七日，中央管弦乐团撤离延安的前一天，周恩来给大家做报告。他讲到解放区的文艺要从窑洞走向大城市，走向全国；讲到我们的革命文艺，要搞革命的理想主义和革命的浪漫主义；还讲到革命文艺工作者的思想改造问题。

中央管弦乐团刚刚撤离延安，李珏从上海赶到了延安。她随尚未撤退的延安平剧院一起行动，先演了三出戏，然后才撤退。分别四个多月后，这对恋人在陕北葭县重逢了。接下来，是土改、备战、游击战、总结，讨论管弦乐团下一步的办团方针。乐团从陕北横穿山西，走到了太行山，边行军边演出。一九四七年七月一日，经中组部负责人安子文批示"同意"，李德伦和李珏在河北西柏坡结婚。土改大会之后，又搞整风，进入"三查整党"的学习，李德伦的检讨是：承认自己有资产阶级思想。他发现，贺绿汀坚决不检查，贺拿出在上海时期写的歌词说：我是革命的，有诗为证。

过了关的人又去参加土改，直到一九四八年六月，才回到河北平山县。几天后，延安中央管弦乐团与晋冀鲁豫人民文工团合并，成立了"华北人民文工团"，李伯钊、贺绿汀担任团长。全团进驻石家庄后，恢复排练，公演了歌剧《赤叶河》。年底，接到"接管北平"的通知。这支队伍走过正定、保定、涿县、良乡，步步靠近李德伦久违的故乡。望着八大处、香山那些熟悉的地方，看到路边年轻的学生露出尊敬和好奇的神色，李德伦回想起自己当年的模样。一切都仍是那么亲切，而这个回到家乡的人，不再是原来的五少爷，已成了穿着粗布军服的解放军了。

文工团住在清华大学，清华的管弦乐队为他们演奏了舒伯特的《未完成交响曲》，李德伦则指挥文工团乐队演奏了"爆三样"和莫扎特的作品。清华的师生听了他们的演奏都感到惊讶。乐队成员李刚几年前回忆说：延安时期，我们对交响乐的知识，来自苏联电影、唱片和留声机，可是，土八路硬是拉起了一支乐队，人民的乐队，这就是解放，文化的解放！

可以说，直到这时，李德伦还未指挥过正儿八经的交响乐作品。

李德伦说：以前总是想，等到全国解放后，就可以安安稳稳地搞音乐，按部就班地搞成一个像样的交响乐团，为祖国的建设服务。但是没想到，解放后，运动就一个接着一个，几十年的时间，弹指一挥，将自己的精力耗去了大部分。乐队虽然搞成了，水平也不低，具有很大的潜力，但一直没能把全部力量用在交响乐上，以至未能达到世界一流的交响乐水平。

这种悲哀，是晚年的李德伦总结自己一生经历时挥之不去的感叹，但在当时，在"一个接一个"的运动中，个人的力量不可能阻挡时代的潮流。

进了城的华北人民文工团，以主人翁的姿态担当了"文化接收大员"（李刚语）的角色，最先接管的是中南海剿匪总部军乐队。这个团的历史可以追溯到晚清，类似于宫廷乐团，袁世凯当政时叫总统府军乐团，以后谁当朝就是谁的乐团，最后成了"剿总军乐队"。随后接管的是北平铁路局军乐队。一年以后广州解放，跟国民党政府撤到广州的中华交响乐团也没人管了，梁寒光代表文管会去接管，拉回了二三十人，连带乐器。之后还接收了一个昆曲剧团，接管了演剧十队。文工团名下，出现了管弦乐团、歌剧团、舞蹈团、话剧团和昆曲剧团，成了一个大型综合艺术剧院。一九五〇年夏，"华北人民文工团"改名为"北京人民艺术剧院"——这个招牌，也就是现今北京人艺的前身。

黄裳在北京见到李德伦，感慨地说："我们这些知识分子得改造呀。"

腰里别着手枪的李德伦底气十足地说："我已经改造好了。我的思想没问题。"

他只是觉得业务工作上不了正轨，总有人认为他是在带头搞纯技术。排练舒伯特的《未完成交响曲》时，有人就在旁边说："他们练Symphony呢。"那意思就是太洋了。一九五一年的新年音乐会，配合政治内容的各种作品都有，还演奏了柴可夫斯基的《一八一二序曲》。老同学谭抒真从香港回来，听排练时就感叹："北京的技术很高，连这个作品都能演奏。"而某位音乐界领导却指责音乐会没有重点。

那三年里，乐团和歌剧团还排演了歌剧《王贵与李香香》和《长征》。乐团的另一项重要任务，就是担任中南海的"皇家乐队"，因为政治上可靠，每周末的舞会伴奏都由这个乐队包了。

一九五一年，北京人民艺术剧院只保留话剧团，其他各团都并入中央戏剧学院下属各团，李德伦的职务是：中央戏剧学院歌舞剧院管弦乐团副团长。很快就开始了全国性的"三反"运动，李德伦又成了乐团的"打虎队长"。刚刚"打"有所得，他就接到了留苏学习的通知。那一年李德伦三十五岁，正巧在规定年龄的上限之内。专业考试，他准备了贝多芬《第一交响曲》的第一乐章；政治考试，只考对"三反"的认识；文化课考试也比较容易；最后是政治审查，李德伦猜测，他这一关的顺利通过，也许与周恩来的帮助有关，因为经过北京俄专留苏预备部一年的学习后，出发之际，报纸上的消息是"李德伦等千名赴苏留学生今日启程"。

千人当中，搞音乐的只有三个：李德伦、吴祖强和郭淑珍。

五

自童年到中年，李德伦相继接受了京城文化（北京）、海派文化（上海）和解放区文化（延安）的影响，这些都不足以把他培养成一个合格的交响乐指挥。留苏四年，苏联文化（表层）和俄罗斯文化（深层）的影响，才使李德伦得以真正融入交响乐，得以有可能成为一个交响乐指挥。

他们就学的莫斯科音乐学院，全称是"国立莫斯科荣获列宁勋章的以彼得伊里奇·柴可夫斯基命名的音乐学院"。郭淑珍学习声乐，吴祖强学习作曲，李德伦学习指挥。

李德伦补习过和声学、配器法以后，才见到他的主课老师阿诺索夫教授。老师看他指挥了贝多芬"第一"的一个乐章，就说：你会指挥，就是不太学院化，你学院化一下就行了。

研究生课程一般总有人旁听，阿诺索夫不愿这样，就早早地上课。莫斯科的冬天，九点天才亮，这对师生的课已经开讲了。老师讲得细，要求高，也严，李德伦受益匪浅。学业的进步增进了李德伦与老师一家的关系，阿诺索夫的排练和演出，李德伦只要有机会，都去观摩。李德伦从驻苏使馆文化参赞戈宝权那里借到许多珍贵唱片，阿诺索夫听说有托斯卡尼尼指挥的莫扎特《第三十五交响曲》，就让李德伦带上唱片到他家，和家人一起欣赏。

阿诺索夫家住在阿尔巴特大街南边的果戈理大街,路口最醒目的标志是高高的果戈理雕塑,那里距学院不远,后来李德伦每次要开音乐会之前,老师都让他到家里去睡个好觉。

一九五三年秋,李德伦在莫斯科听了第一场音乐会,伊万诺夫指挥苏联国家乐团,曲目有老柴的"第五"和小提琴协奏曲,担任独奏的是世界一流的小提琴家奥依斯特拉赫。苏联著名的花腔女高音歌唱家卡斯巴里昂的独唱音乐会也非常精彩,担任指挥的就是李德伦的老师阿诺索夫。

李德伦自己指挥的第一场音乐会却不太理想,那是指挥音乐学院歌剧管弦乐队,莫扎特的《A大调钢琴协奏曲》他没指挥过,谱子也不熟。老师宽慰说:就是太紧张了。第二次是指挥莫斯科州乐队,作品是贝多芬"第一"和郑兴丽演唱的《波希米亚人》中咪咪的咏叹调,得到了老师和许多同学的祝贺。第三次是在莫斯科工会大厦的圆柱大厅指挥全苏广播乐团,演奏了一组中国作品,那是一九五四年中国国庆的日子。一九五五年二月,李德伦指挥莫斯科爱乐乐团,演奏了勃拉姆斯"第一"。

来苏联之前所听的报告几乎都是一个意思:苏联的今天就是我们的明天。到了苏联以后,李德伦感到并不像宣传得那么好,目睹假公济私、溜须拍马、酗酒闹事等丑恶现象,他心想,如果这就是我们的明天,最好不要这个明天。斯大林去世后的第二年,作曲家肖斯塔科维奇写出了第十交响曲。听过之后,阿诺索夫问李德伦怎么样,李德伦迟疑地说:"我不明白,苏联社会这么好,充满阳光,可这个作品太压抑、太阴暗。"

一九五五年秋,苏联国家巡回演出局为李德伦安排了三个城市的巡演,曲目由他自己定,三个城市是:莫洛托夫(彼尔姆)、新西伯利亚、斯维尔德洛夫斯克(叶卡捷林堡)。一九五六年初,李德伦应邀到爱沙尼亚首都塔林指挥两场音乐会。四月,在莫斯科指挥了苏联国家乐团。之后,以中国代表团艺术指导的名义,参加了捷克第十一届"布拉格之春"音乐节。回到苏联后,国家演出公司为他安排了第二轮巡回演出,原因是苏联的文化部长米哈伊洛夫听了李德伦的音乐会,专门指示:这个中国同志很好,应该多给他安排音乐会。这一轮巡演,李德伦跑了十几个城市,指挥了苏联所有最优秀的交响乐团,获得了丰富的实践经验,其名声也在苏联各地广为传播。一九五七年八月,李德伦作为中国代表团的成员参加了在莫斯科举行的第六届国际青年联欢节。阿诺索夫与奥依斯特拉赫、李德伦与傅聪合开的一场音乐会成为青年节的重头戏,这足以体现出那时中苏关系的密切。几天后,李德伦与傅聪又举行了专场音乐会,这也是李德伦留苏四年间的最后一场音乐会。音乐会前,他的指挥棒断了,赶紧向老师求援,老师把自己的指挥棒给了他一根,这根指挥棒就成了阿诺索夫留给李德伦的一件纪念品。

这份师生情谊并未在这根指挥棒上画下休止符。一九五八年五月,阿诺索夫率苏联国家乐团访问中国,安排了七套曲目,分别由阿诺索夫和伊万诺夫指挥,但第五套是专为李德伦安排的,此外,还安排了与中央乐团的联合演出。

一九六一年,阿诺索夫六十岁生日时,得到了学生李德伦的祝贺,他在给李德伦的回信中写道:

> 收到您对我生活中并不完全愉快的事件——我的六

十岁生日的祝贺，我感到非常幸福。可是，我不得不承认这个现实，接受它，努力以乐观主义的眼光看待事物，不仅遵循年龄因素，而是另外一些更为重要的因素——生活感受、对劳动的渴望和需求以及实现这些渴望与需求的可能性。这些，暂时于我还都是存在的，而我继续工作着并获得不少真正的满足，它们才是我幸福圆满的源泉并充实着我的家庭。为我增添不少这种感受和意识的是，我有一些像您这样的学生和朋友。

《莫斯科音乐学院一八六六——一九六六》一书写到这位音乐教育家时有这样的记载：

> 阿诺索夫所带的班是莫斯科音乐学院的强班，在他工作的年代里所培养的学者中最出色的学生有：苏联指挥罗日杰斯特文斯基、茹拉伊斯基、中国指挥李德伦及保加利亚指挥巴甫洛夫，这些学生被社会所公认。

六

交响乐在中国的发展，并没有因为李德伦的学成归国而加快进度。那一段历史中的某些章节，现在读来不仅恍若隔世，而且颇有些不可思议。

一九五七年九月，李德伦乘火车回到北京，等待他的不是音乐会，而是右派批判会。他从火车站直接被接到团中央礼堂，参加批判吴祖光的大会。

文化部系统的留学生整风学习也开始了，一份打印的"李德伦同志的错误言论"显然是有备而来。虽未划归右派，但在一段时间内的控制使用是毫不含糊的。恰在此时，小提琴家奥依斯特拉赫来中国演出，刚组建一年的中央乐团到外地演出，就临时组了个乐队，指定留学归来的李德伦指挥，与奥依斯特拉赫合作了莫扎特的《A大调第五小提琴协奏曲》。后半场是贝多芬的协奏曲，用了歌剧院的乐队，黎国荃指挥，算是较圆满地完成了这一文化交流任务。

一九五八年一月，李德伦调到中央乐团担任指挥，没有任何行政职务。他排练的第一个曲目是柴可夫斯基的第六交响曲《悲怆》。这个作品他在苏联多次指挥，可是中央乐团还没演过，因而排练非常吃力，但一个月后终于拿下来了。原定只有两三场演出，没想到演出效果好得出人意料，竟一连演了十三场。

接踵而来的运动就是"大跃进"了。歌剧院要排歌剧《蝴蝶夫人》，歌剧院的乐队却外出了，决定由李德伦指挥中央乐团伴奏。只有两个星期的排练时间，真是"大跃进"速度，李德伦倒也带着乐团把它拿下来了。

这还不算是"跃进"。肖斯塔科维奇的"第十一"，一个星期就排出来了，也不算"跃进"，还要"超英赶美"。一个乐团，一年的演出场次报到了一千二百场，只得化整为零，小分队演出，乐队却散了。有人将李德伦的军，要听他的"跃进"方案："你怎么超？一定要超！"李德伦被逼无奈，只好说："我超，我超伊万诺夫。"大家笑了。伊万诺夫就是苏联国家乐团的首席指挥，自打来过中国，就被中国人起了个外号，叫"一碗豆腐"。

国庆十周年，为了准备献礼演出，乐团得以集中精力训练了一段时间。严良堃学成归国，为乐团又增添了一位指挥。他留苏期间主要学的是合唱指挥，安排国庆演出曲目时，李德伦力主贝多芬"第九"要严良堃指挥。最隆重的节目是李德伦指挥五百人的大乐队，演奏了贝多芬的《埃格蒙特序曲》和李焕之的《春节序曲》。

之后的几年里，对交响乐、对中央乐团来说，辉煌总是短暂的，争论则是不休的。一九六三年的音乐舞蹈座谈会，就是一次土洋之争的正面交锋。李德伦在这样的场合下，发言仍不失他的幽默风格："既然有人认为搞洋的不能和搞民族音乐的平起平坐，今后再开会时，请搞民族音乐的同志先坐下，如果还有空座位，我们再坐，没有座位，我们就站着，或是坐在地上。这没关系，但不让我们革命是不行的，我不同意。"

话是说了，压力仍未减轻。一九六四年中央乐团搞的交响乐普及月，实际上就是他们自谋出路的"活命月"。以基层为主，以小节目为主，每场演出前，为了缩短交响乐与观众的距离，都要加上李德伦的单口相声式的解说："小提琴要这么拉。它的英文名字叫Violin，在解放区时我们管它叫歪脖抢……这根黑不拉唧的东西叫黑管。"观众哈哈一笑。接下来搞《革命歌曲大联奏》，搞《反美漫画交响诗》，搞"卡戏"（演奏戏曲音乐，不带角色）……搞得很累，却离交响乐越来越远。

经过紧锣密鼓的创作，那年国庆，中央乐团的《京剧〈沙家浜〉清唱——交响乐伴奏》公演了，前半场安排了刘诗昆演奏李斯特的《第一钢琴协奏曲》。演完不久，乐团到陕西蓝田搞"四清"。半年后，他们接到回京参加"文化大革命"的通知，转瞬之间，李德伦由乐团党委成员变成了"黑帮"分子，他们搞的那个作品，已成了"交响音乐《沙家浜》"，成了"得到广大工农兵群众批准的"革命文艺作品。

"黑帮"们住"牛棚"、写检查、提高认识，终无结论，只好解散。李德伦久未外出，很想上街看看，公共汽车特别挤，他就买了辆旧自行车。忽记起工作队长的话:"你们这些文艺黑线,好好想想出路吧。"他的确在想:不许搞交响乐了,我还能干什么?修自行车吧。他约来乐团的另一位指挥韩中杰,把自己那辆自行车拆了,两人又合伙把它装起来。经过街上修车的地方,就停下来看看。后来又去看车市,先到北新桥,在那儿看,碰到有人买车,还帮着参谋。接着蹬上车去花市,去天桥,去菜市口、缸瓦市,北京城这几个车行都转一圈,就回家做饭去了。

一九六七年四月,又一个红极一时的人物戚本禹出现在乐团,来布置"革委会"委员的选举。然后说道:"李德伦怎么样了,他这个人挺积极的嘛。我看他排练演出时总是一脑袋大汗,他不应该是'黑帮'。赶紧站出来,站出来参加工作。"这工作,就是去"广交会"指挥《沙家浜》,李德伦和全体乐队队员一样,演出时都穿上了新四军的军装。但演出归来,还要继续写检查。

我读过黄宗江的《坦白书》,也是在那个是非颠倒的年代里写的,两相对照,真不愧当年上海舞台上的一对搭档。异曲同工的是,都如钱仁康所言:未有参差,却有检查。

钱仁康是李德伦在上海求学时一起住过的作曲系高班同学,那时就在林语堂主办的《论语》杂志上写幽默文章,同学们都叫他"钱大师"。五十年后,我看到钱仁康先生写给李德伦的一首词:

赠德伦兄
——调寄《一剪梅》
不肯趋炎附奸邪,
遭了咒骂,

挨了棍把。
难免也说颠预话。
未有参差,
却有检查。

同页纸上,有钱先生的自注,曰:其词若有憾焉,其实乃深喜之。

据李德伦回忆,此词约作于"文革"后期,老同学钱仁康,时为上海音乐学院教授。寥寥数语,高度概括,基于对老友的理解。其间仍不乏幽默,但已颇近于黑色幽默了。

一九六八年九月十八日,李德伦正在干活,军代表通知他当晚参加革命样板戏《红灯记》的审查。到了人民大会堂东门,遇见了李希凡、谢铁骊、钱江和李文化,谁也说不清是怎么回事。那天审查后,他被宣布是好人,被解放了,以后还要重用。

"黑帮"一下又变成了"样板戏的功臣"。李德伦就势给领导提了个建议:让穿新四军服装的人给反面人物胡传魁伴奏,不严肃,乐队不该成为戏中人。建议被采纳,以后的演出,乐队脱下军装,改穿中山装了。

一九七一年"九一三"事件后,我国的对外文化交流政策出现了一些变化。基辛格来访,李德伦指挥中央乐团为之演奏了贝多芬第六交响曲《田园》。一九七三年起陆续来访的伦敦爱乐乐团、维也纳爱乐乐团和费城管弦乐团,李德伦都参加了接待的组织工作。他接触最多的是费城管弦乐团,指挥家奥曼迪到中央乐团参观时,李德伦邀请他为乐团排练了贝多芬《命运交响曲》的第二乐章。

一波未平,一波又起,这类外国古典音乐作品,被扣上了"无标题音乐"的帽子，开始了又一轮矛头的批判。"阶级立场""阶级性"等概念都成了分析那些音乐作品的主要依据。一九七五年十月举行的纪念聂耳、冼星海音乐会，成了音乐界甚至政界老同志与"四人帮"的又一次交锋。这台音乐会，是李德伦、马可等人一起策划的。

那时我正生病住院治疗，月末的一天，从电视上看到了转播的这台纪念音乐会，病房里的许多病友都相当兴奋。那是我第一次听到《黄河大合唱》，青艺的话剧演员王冰朗诵（他后来在电视剧《人间正道是沧桑》中扮演的李鸿章，给我留下了难以磨灭的印象），黎信昌唱《黄河颂》，郭淑珍唱《黄河怨》。我才知道钢琴协奏曲《黄河》是出自这个作品。

一九七六年一月八日，周恩来总理去世，对李德伦来讲，是一次莫大的精神打击。他在日记中写道："得到周恩来同志去世的消息，甚悲痛，失声大哭，久久不能克制，李珏亦然，终夜对醒。"他做好了再次挨整的准备，清理自己的音乐笔记时，他看到肖斯塔科维奇第十交响曲的总谱。当年在莫斯科留学时，他曾认为这个作品太压抑，现在读来，竟像是此时心情的真实写照。李德伦不禁感叹道：肖斯塔科维奇，了不起的作曲家，太伟大了！

七

一九九九年，世界著名小提琴大师艾萨克·斯特恩与李德伦在北京合作的那台音乐会上，我们看到了一九七九年斯特恩初次访华时拍摄的纪录片《从毛泽东到莫扎特》的片段，看到斯特恩给年轻的中国音乐学子授课时，李德伦在旁敏捷地兼任翻译。那时的李德伦，已在考虑着中国交响乐事业的建设这个重大的艺术课题，也是在那一年，他给当时的一位文化部副部长写了一封长信，阐述了自己对交响乐的认识、交响乐在中国的历史和现状、对乐队建设的建议，期望引起文化主管部门的关注。他始终认为，交响乐艺术是高度发展的现代工业社会的产物，是人类文明进步的产物，也是人类艺术创造力的骄傲。交响乐最能拓展人们的想象空间，交响乐具有强大的生命力。普及交响乐，是为了人类精神境界的升华，这个工作，需要大家一起来做。

本着这一观念，李德伦把自己的晚年都扑在了交响乐上。

北京音乐厅的重建，历时三任文化部长，黄镇、周巍峙、朱穆之，这三任部长，都是李德伦去游说的。

北京交响乐团，险遭"撤销"，是李德伦给市长写信、向副市长面陈，才得以保留。这个乐团走向成熟的每一步，都凝聚着李德伦的心血。

广州星海音乐厅的建立，离不开李德伦的建议。

广东、山东、广西、山西、新疆、河北、陕西、青岛……多少省市级交响乐团的成长，都得到过李德伦的指导。

自发成立的"指挥家学会"和参加学会活动的指挥家们，不会忘记这个学会的发起者是李德伦，不会忘记年年春天如期而至的聚会。

汤沐海、谭利华、余隆、邵恩、张国勇、曹丁、李心草，这些当今驰骋乐坛的指挥，哪个能忘记李德伦对他们的教诲？

一个少年乐团的存活，他都会记挂在心。

一份地市级乐团印制精美的节目单，他都会念念不忘。

交响乐音乐会的票价太高了,他呼吁:要降价,大乐团也要为普及交响乐做工作,要有低价位的学生票。

担任过海政歌舞团乐队首席的蒋雄达创办了一个少年室内乐团,请他出任顾问,他不仅为之题词"永葆赤子之心",还亲自挥棒指挥。

旅英小提琴家薛伟在北京演出受到不公正待遇,李德伦公开表示了对薛伟的同情。

我在李德伦家遇到一所高校的人来接他去讲交响乐,问他去过那所学校吗?他说:去过三次了。

一九九六年,我动议并开始着手为李大爷编一本书。他声称从来不写文章,但几十年来,报刊上还是有不少以他名义发表的文字,在我看来,有一定的历史价值。他不在意这些文章,起初也不同意编书,我继续申述自己的理由:您写贺老(贺绿汀)的,写黄佐临先生的,写沈湘的,都有很多他人不知的内容,书编出来不是给您看,是要让更多的人接近交响乐,让交响乐影响更多的人。偏在那时,"不写文章"的李大爷,为了中国交响乐团的首演,自己动笔写了篇《多年的愿望终于实现了》。我借机再劝:您是近八十岁的人了,留点东西给后人,一点不过分。他同意了,我进入汇编的工作,没想到事情做起来,他竟比我还投入、还认真、还不留情面(无论是对我还是对他自己)。我在编《交响人生》那本书的几年中,体会过李大爷的严厉和不近人情,后来渐悟:那也是他人格魅力的一部分。

我收集到的以李德伦名义发表的所有文章,他至少看了三遍校样,或自己动笔修改,或口述于我,或决定取舍,或冒出新想法。一本书编了将近五年,坦率地讲,编到后来,我已不抱多大希望了。二〇〇〇年秋天,家父病重住院,李大爷已在医院住了数月,我经常在协和、隆福两个医院间穿梭。李珏阿姨打来电话问："你在忙什么？老李要跟你讲话。"李大爷接过电话："你知道河南的宣传部长叫什么名字吗？我前两天碰见他，他说听过我的讲座。我想叫你帮我给他写封信，河南还没有交响乐团。"我心头一热：老爷子，谁像您这么操心交响乐啊！赶紧握下父亲的手，就赶到协和去了。见了面，李大爷又说："先帮我给深圳的宣传部长写封信，深圳的少年乐团维持不下去了，要帮他们呼吁一下。"珠海有人为已故女钢琴家顾圣婴编一本书，来采访李大爷，整理成文字后，他不太满意，又让我按他口述的意思整理了一遍。说这些时，他已插了管子，从家里带来的校样逐篇分开，都放在桌上。我看出他累了，不敢主动再说什么。李珏阿姨知道他已没有精力再看一遍了，对他说：你就放心让蒋力去编吧，李琦催着要看书稿呢。

　　李琦是李德伦的高中同学，也是他加入"少共"的介绍人，后来成为党史专家，官至中央文献研究室主任。离休不离岗的李琦住在红霞公寓，距协和咫尺之遥，他惦念着老友，每周都让小保姆把"大参考"送到李德伦的病榻前。他看了书稿，不仅予以充分肯定，还写了序言。二〇〇一年四月十七日，李琦约我去他家取稿，他怕我认不准他的笔迹，执意要念一遍："我和李德伦相识已经六十七年了……"老人没有念完这不到两千字的序，念着念着，他突然默不作声，头也没有抬起来。我以为他念累了，或是要平静一下激动的情绪。扶了他一把，才发现他的身子已经僵硬。心梗，连抢救都来不及了。送走了李琦老人，我立刻去了协和医院，在走廊里遇到李大爷，坐着轮椅。我握住他厚厚的大手，不知该说什么，只能悄悄告诉李珏阿姨刚发生的事情。李珏阿姨怔怔地说，这可怎么办？不能告诉他，他的老朋友团伊玖磨（日本指挥家、作曲家）去世的消息还没敢让他知道呢。

我在编《北京音乐厅通信》时，常接到李德伦的电话，一个错字，一个音乐技术性的概念错误，他都会毫不留情地指出来。声音低沉严厉，令我无地自容。电话挂上没两分钟，又响了，仍是那浑厚的声音："还是我。我是音乐厅的顾问，有弄不明白的事，你就问我。"那份宽厚更让我承受不尽。音乐厅开先河聘大学生做领位员，报名者争先恐后，因为学生们意识到这与到肯德基打工不可同日而语。李德伦应邀来给学生们讲交响乐，我做主持，先说自己的感受："我听李先生的讲座时，就是你们这个年龄，如果没有李先生的启蒙，我现在不会做这份工作。"一九九八年发大水时，我在北京剧院组织赈灾义演，打电话问李大爷能不能来指挥一个乐章，他说：需要我来，我就来。观众买票时还怀疑：李德伦八十多岁了，他真的能来吗？真来了，他指挥的是贝多芬《命运》中的乐章，是他喜爱的乐章，是我第一次听到他指挥的乐章，也是我做学生时听他讲过的乐章。在我看来，《命运》已不是贝多芬的私有财产，《命运》中的精神含量阔大无边，《命运》已融入李德伦的生命，交响人生，人生交响，生生不息。在追思李德伦的音乐会上，又听到《命运》的旋律时，我怎能不热泪盈眶？

八

看过的指挥家多了，才可能回过头来剖析一下李德伦的指挥艺术。

二十世纪六十年代初，中央乐团的老团长李凌在一篇文章中说到李德伦的指挥艺术：偏于热情、豪放、粗犷、遒劲。这种风格，和他的爱好、习染、个性、气质很有关系。他的性格比较外露，明朗、爽直，因而反映到艺术上，也每每带有热情、果敢的特点。

我集中看到的是最后十年的李德伦，与李凌所言相比，发生了很大变化，我觉得生理的和心理的原因都有。指挥八百人组合乐队和山东青年交响乐团时，他身上还有一股老当益壮的雄风，有豪放、遒劲的影子。再后来，渐渐出现了走向简约和内敛的趋势。这时的李德伦，已不在意指挥动作的戏剧性，也不刻意强调什么，甚至很难见到他伸出手指去提示乐队的某个声部。我还听乐队的老人说，李德伦告诉他们：如果我指错了，不要停顿，也不要含糊，照乐谱继续奏。我理解，他是在有意淡化指挥的个性色彩和权威地位，力图让指挥的诠释融入作品的演奏中，使之完整、完美，一气呵成，浑然天成，而不在某一处（譬如指挥家的肢体语言）凸显异彩。

我听李德伦指挥北京交响乐团的"柴六"时，就感慨良多。那次的上座率特别差，大概不过二百人，对乐队和指挥的情绪恐怕都有一定程度的负面影响，而李德伦的状态并没有因此而滑坡。在我听来，他带动乐队奏出的效果，传递出的作品深度，从精神内涵上讲，都是国内乐团难以企及的高度。我想这有两个原因，一是他的留苏经历，二是他与乐队中大部分人共同的"文革"经历，这两个经历是理解老柴和演奏好这个作品的重要基础。一曲终了，观众竟是在瞬间的沉默之后才爆发出相当热烈的掌声。看得出李德伦在掌声中向观众谢幕时还沉浸在作品的意境中。三次谢幕，观众欲罢不能，他说：今天来的观众虽然不多，都是知音，我们就破例加演一首。这个曲子很沉重，演完之后乐队的情绪很难马上调整过来，一般是不再加演的。

我相信，听过这场音乐会的那些人都不会忘记那天听到和见到的一切。

一九九七年一月十八日，李德伦指挥中国交响乐团演奏的勃拉姆斯"第四"，也是一次令人难忘的音乐会。一位观众说：李德伦较之平时更没有令人炫目的动作，乐队显然不是靠他的动作来与他交流，大师是从心灵中辐射出一种信息和力量来调动和指挥乐队的，显示出这部"洋溢着成熟的热情和力量"的作品与这位指挥家的心心相印。

相对于花里胡哨、张牙舞爪、得意忘形、自我陶醉、小题大做、过分夸张等等生怕引不起观众注意的指挥"风格"，晚年李德伦的简约更耐人品味和回味。

刘心武听过李德伦指挥巴伯的《慢板》之后，写过一篇题为《从忧郁中升华》的文章，他说：

> 这位年逾八十的老指挥家用简洁的手势演绎了这首我心爱的乐曲。我觉得他的面色是忧郁的，而演奏者们也从容地宣泄着人类共通的忧郁情愫。我从三十多年前起，就常在北京的各个演奏场所欣赏李德伦大师的指挥，然而听他指挥这一首曲子，还是头一回。台上的指挥老了，台下如我这样的观众，也已鬓发斑白。我想到了关于李德伦人生经历的种种报道，他是很轰轰烈烈过的，有过大落大起，大辱大荣，大悲大喜，然而终于归到平静，归到沉思，归到澄明……短短九分多钟里，我也许已回顾过自己迄今为止的一生，我感到自己的灵魂正从浓酽的忧郁中升华。

我听过另一次李德伦指挥的《慢板》，那是一九九六年四月二十六日，那时的李德伦已步履蹒跚，他在乐队首席的搀扶下吃力地登上指挥台，坐着徒手指挥了这首乐曲。当乐曲在韧长的递进中冲向高潮时，李德伦竟奇迹般稳稳慢慢地站了起来，同时加大了动作的幅度，而后渐渐收拢、结束。真是粗中有细，平中见奇，有如魔幻般地把作品的魂呈现在观众眼前。让我感动的是他表现出了那韧长的过程所蕴含的坚韧求生的生命状态，我想，那就是生命的交响。

李德伦去世后的追思音乐会上，他的同龄老友黄飞立教授也指挥了这个作品。音乐会前，我与中央电视台的记者一起在后台采访，摄像机面对黄先生时，我问他：这个作品是不是年长者指挥更合适？他说：可能是这样，老人的经历更丰富，或许也更坎坷，但在表达情感时更含蓄，指挥这样的作品，能带给观众更多的联想。

九

我在越来越多的接触中渐渐发现，李德伦犹如一坛老酒，那种醇厚的味道需要慢慢地品味。威严背后有他的人生哲学，爱音乐胜过爱自己的生命，大事不糊涂，小事不在乎，还有一股不可抗拒的吸引力，坦诚与幽默，时常是这种吸引力的两个表现渠道。

李德伦爱讲笑话，是出了名的，侯宝林说过的相声《醉酒》，素材就是李德伦提供的。他的幽默，几乎随时随地都有体现，其中有机智，也有见识。有一次见面我称他"大师"，他随口反驳了一句："大狮子。"有一次看过他指挥巴伯的《慢板》，他问我怎么样？我说动作显得比以往轻捷，他大概联想到"清洁"，立刻反问："过去的动作是不是肮脏啊？"还有一次我约他写几个字——当然是用毛笔，他爽快地答应着，马上又一本正经地问我:"大篆小篆?"他写字的时候,我在案边侍奉,看到他家墙上挂着何绍基的字,不知深浅地赞许了一句,他头也不抬地说:"说是何绍基,谁知是真是假,我也弄不清。"四十年代在上海演戏时,他曾与名角石挥同台,一九五〇年又曾与石挥的外甥于是之共事,所以他对于是之亲切地以"大侄儿"相称。他八十岁那年,有一次我陪他出去开会,于是之也在场,那时的于是之,说话、行动都已颇为吃力。去餐厅的路上,于是之、李曼宜夫妇在前面走,我搀着李大爷走在后面,只听他说:"于是之这辈子在台上说得太多了,所以现在也说不了话了……"我一愣:为什么这么讲呢?没想到李大爷又说:"我是在台上站得时间太长了,现在也快走不动路了。"一个是话剧演员,老来却失去了语言表达能力;一个是指挥大师,晚年只能坐在台上挥棒。两相比照,同病相怜,多么简练的概括,其中又蕴含着多么无奈的人生感慨!

一九九一年十二月,在北京音乐厅,听崭露头角的余隆指挥中央歌剧院的《茶花女》歌剧音乐会,我的票恰巧和李德伦挨在一起,休息时我就抓紧机会请他说说感受。他眯着眼若休眠状态,说出的话却如石破天惊:"写到报纸上的不能都是好话,听众会有各种感受,有时也会有意见,应当说真话。咱俩能不能合作,你问,我答,你写,咱们保证说真话。用个笔名,省得人家看到我的名字就下不来台。"我确实起了个笔名"乐伊",如同拼音,他的"李",我的"力",一拼都是"乐伊"。文章也写了几篇。当然,那天他对余隆的指挥还是以肯定和鼓励为主,因为这里面还有一层他与余隆的外公丁善德先生的老友关系。我知道他对余隆非常关爱,无话不谈,包括批评。他的一根指挥棒都借给了余隆,按余隆的说法是"借点仙气儿"。而他对余隆的严厉,则是他去世后余隆自己说出来的。创办北京国际音乐节时,余隆请李大爷题字,字写好了,李大爷说:好好干,办不好就别在我眼前晃悠。

音乐发烧友郭维德说:北京城里凡是认识李德伦先生这位大师、长者的,不论少老女男,都管他叫"李大爷",其中蕴含的亲情和敬意,令人寻味。

余隆说:在我的感觉中,这一声李大爷,不但因为他是受人尊重的中国当代音乐界的大师,其中也深藏着李先生的大气、大度和超凡脱俗的大智慧。

我觉得,是尊称,也是爱称。

李德伦去世那天,不幸的消息刚一传开,他家门外就出现了络绎不绝的吊唁者。李大爷住在北京和平里一幢普通的居民楼里,在这特殊的日子里,这点地方远远盛不下人们对他的怀念之情。他用过的那架旧钢琴上,摆着他指挥的照片,转瞬之间已成了遗像。遗像下,钢琴前,花篮、花圈和花束,迅速堆成了一座小小的花山。

年已八旬的黄宗江以晚年未能再次与李德伦同台合作为其憾事之一。在李德伦追思会上,黄宗江苍老的声音中充满深情,他说:老朋友的离去,如同我们自己生命中的一部分死去了,语言和文字都不能表达这种感情,也许只有音乐能表达。他说,有记者问他,李德伦在国际乐坛上占什么地位?他明确答之:你这样问就是没学问。李德伦的贡献,在于他以自己的努力,赋予中国交响乐以生存和生机,他是中国交响乐开荒的人。这片荒地,是因为有他这样的开荒人,才有今天的局面。

那天气压很低,会议室里的气氛更逼得人喘不过气来。听诸位音乐家发言时,我忽而想到,如果李大爷在世、在场,他肯定不愿这样,他会用一个玩笑、一句话,化解这种沉重和压抑。当我发言时,我本想克制住内心的哀痛,尽量说得松弛些,但一开口,泪水还是止不住冒了出来。我说,直到一九九九年坐在台上指挥,李大爷没有废在台上。指挥棒可以放下,但他放不下交响乐,他把一生都付与了交响乐,他对音乐是鞠躬尽瘁的。

我曾在一家爆肚店意外地看到李德伦先生的一幅字,这样写道:"昔余幼年时,常往东安市场,听品正三后吃爆肚冯。今金声先生无常未及七日,来新爆肚冯就食,不失当年滋味。近七十年前旧事,感慨系之。时年八十一岁。"冯金声后人、今日的店老板说:八旬老人,哪里还嚼得动爆肚?他来店里只喝了一碗杂碎汤,但他记得听品正三说书的旧事,记得爆肚店老板、我爸爸的名字。以自己的书法作品赠人,是中国知识分子与好友交往的一种方式,李大爷也继承了这个传统。他的书法相当有功力,尤擅隶书,晚年精力有限,很少写隶书了,但仍有"金帆音乐厅"这几个字为证。卞祖善说,二〇〇一年春天他曾去求李先生为四川的乐团写了"中国四川交响乐团"几个字,大概是李大爷毛笔字中的绝笔了。

得以感受和享受李德伦那大树般恩泽的人,难以计数。他八旬生日时,我曾写了一首打油诗以贺之:

乐坛八旬不老松,昔日曲高今和众。
执棒稳坐指挥台,驰骋交响写人生。

王叔晖：画传缘起
隔代师徒

画家王叔晖（一九一二——一九八五），祖籍山阴，生于天津，故于北京。以工笔人物画著称。

叔晖先生与我家四代交往，家母和我都曾在少年时代随叔晖先生习画有年，然我们母子都未成画家。母亲是中学数学老师，我则在多个文化单位中腾挪，最后退休于中央歌剧院。无论自身的工作如何变化，叔晖先生给予我的影响都是让我受用终身的。画不成，却不妨碍我去写。文章亦可比丹青，是我写作三四十年来的一个追求。一九八八年，我写出《丹青赋——王叔晖传略》的初稿。一九九三年短暂赋闲期间做了一次修改后，收入我的纪实文学作品集《变革中的文化潮》（中国和平出版社出版）。一九九七年，我又做了二次修订后，将此文交《文艺报》，发表时的题目是《洁来洁去岂常人乎？——一代画师王叔晖传略》，内容则不及原文的三分之一。现在网上流传的基本都是这个版本的缩编，标题则只保留了后一半。此标题是报社编辑定的，前一半出自一副挽联，后一半中的"一代画师"也不是我的提法。同年，我又将此文中的"西厢情愫"一章投寄天津的《艺术家》杂志，一九九八年第三期发表时题为《一套震撼邮市的邮票》。前些年看到中国艺术研究院美术研究所某位女性美术理论家的一本评述中国现代女画家的专著，涉及王叔晖时，几乎通篇引用的都是我在《文艺报》上发表的文字。可见在占有第一手资料的基础上研究叔晖先生的人并不多，抄我者，从好的方面想，一是对我文章中的事例和观点的肯定，二是对传扬先生的人品画风有好处，所以我均未追究。二〇〇八年九月，接到素不相识的《读库》主编张立宪先生的约稿电话。他也是征询行家意见后，认定我是为传主作文的最佳人选的。由此，引出我在旧作基础上第三次修订的《丹青赋》。我很乐意做这件事，因为我知道，这是我对先生的一次新的再认识。所幸，走进《读库》（二〇〇八年第六本）的是一个未做任何删节的版本。"版本"这个词，我当时写为"全本"，今觉不妥，甚不妥。盖因先生虽已盖棺三十年有余，传记尚处于"略"的阶段，"论"则难以"全"定。二〇一二年之后，我辗转得到一批与先生有关的资料，基本出自先生的工作单位——人民美术出版社（今中国美术出版总社），这批资料使我的研究又向纵深迈进了一步，也是对"传略"的有力补充。该社当今的当家人林阳，是我的大学同窗，我试探性地问他：可否看到王叔晖先生的档案？他的回答很干脆：不行。作为人美社老人的后代，林阳写了不少人美社的老画家。照说他是有可能、有资格调阅那些档案的吧，然在他的相关文章中也未看到档案中的痕迹，窃以为倒是从拙作中受到了一些启发。以我的所闻、所见、所感而成的一部字数不算太多，但绝不会掺水分的传记，现以《王叔晖画传》为名，全部呈现于此。感谢

王叔晖墓（八宝山骨灰墙）

东方出版中心及责任编辑朱荣所君给了我这样一个纪念先生的机会。

我称画家王叔晖为"先生"（即老师），是对外人，或在外人面前，或随外人之称而统一；在王叔晖先生家，在她身边，我对先生的称呼是"王爷爷"。

明明是女人，为什么按男性去称呼呢？其原因只有一点：先生终生未嫁。据说，老北京的规矩，对未嫁的长辈女性，要按男性去称呼。解放前后约有十几年，先生在我妈妈家租房，先后住在北京东城的遂安伯胡同和新开路胡同，我妈妈杨忠平成了她解放前收的最小的学生，故称其"干爹"。顺下来到我这儿，就以"爷爷"称之了。先生解放前的那些学生，关系最近的几个按年龄排序，岁数小的依次称她们大姐、二姐。被妈妈称作二姐的费竞，也终生未嫁，解放后有很多年就陪先生一起生活。不知为什么，妈妈对她二姐的称呼一直没有改性别。二十世纪六十年代初，我从刚上小学前后就进出先生家了（那时先生已住到辛安里，旧称辛寺，不是别人误记的西四），顺下来，我称费竞为二姨。

先生对"爷爷"这称呼，是坦然接受的；我因自小就这么称呼她，也从没觉得别扭。先生带我去她的老朋友梁大夫（也是未嫁女性）家看病，让我叫"梁爷爷"，我如是称之，梁大夫也坦然接受。奇怪的是有一次在北海公园画舫斋的唐乙凤（香港）画展上，见到女画家俞致贞，先生也让我叫爷爷。我知道俞先生的丈夫叫刘力上，也是画家，所以一怔，但还是叫了声俞爷爷。俞先生似也一怔，王先生说了句"这是徒孙儿"，就岔过去了。

我小的时候在先生家玩儿，少不谙事，几乎不谈画儿，所以早些年的印象主要是吃和怎么吃。比如包饺子，一般人的包法是左右手各捏一半，或者索性整个捏，先生的包法则是左手托皮儿和馅儿，右手开始一直捏到左边，从头捏到尾，包完的饺子从后面看是很美的方向一致的饺子褶儿。我学会以后，直到今天，还是这样包饺子。又如炒饼，即便没肉，只放一两个鸡蛋，先生炒得也特别好吃。她说诀窍是放酱油必须先兑水，也就是稀释酱油。我试了，果然与不兑水的效果不一样。先生住地靠近鼓楼，附近最有名的饭馆是湖南菜馆马凯餐厅，有时就带我们去马凯解馋，吃不了的一定打包带回。逢此刻先生就会说"当年老奶奶（我妈妈的奶奶，即当年先生的房东马君慧女士）去森隆吃饭，连菜汤儿都装小瓶子带回家的"。名叫森隆的那家饭馆，原本开在东单新开路胡同里，距我家很近，先生也喜欢那家饭馆。饭馆搬到东安市场后，先生仍常光顾。有一两年间，在马凯经常碰到画家钟灵，那时他为马凯餐厅画了一幅山水画《韶山风光》，尺幅很大，至少是丈二匹。遇见先生时，画还未最后完成。钟灵很客气，请先生提意见。先生不擅山水，只说觉得画面中部的颜色偏重，有点"堵"。钟灵先生似亦不擅山水，但很虚心，听了先生的意见后就做了润饰，画装裱后挂在餐厅里正面很醒目的位置。后来马凯餐厅不景气了，先生就不张罗去那里了。我跟先生学画后，懒得做饭时，先生就让我去后门桥桥头的和义斋端俩菜回来，其中的保留菜是兰片里脊丝。有一次先生让我陪她去天津参加中国连环画研究会的年会，想到那是她多年未去的故乡，她显出少见的兴奋，她说"多带俩子儿（即钱），咱们抽空去趟小白楼（天津有名的西餐馆），也开开洋荤"。天津是先生出生和少年时生活的地方，一晃到了老年，再未去过，那次因为生病，也没有去成。

烟酒茶这三样，先生是须臾不可离。低档茶，中档烟，高档酒，是我为先生做出的概括。

茶，她基本上只喝高末，碎碎的那种，沏茶时要多放，要酽得发稠；招待客人的则是档次高于高末的茉莉花茶。烟嘛，说是中档，也不拒绝高档，偶尔有人送她几包好烟，那真是投其所好；自己买烟，先是恒大、前门、牡丹，后来主要是云南烟了。她说自己的抽烟有一半是类同燃香——画画时往往一支烟点燃后只能抽一口，几根线勾完，或一片颜色染完，那支烟也差不多燃尽了，赶紧抽最后一口。画案的周边，几乎都是被香烟熏黑的痕迹。酒，先生最爱的是金奖白兰地。这酒以前限量供应，年节供应，喝上瘾之后是会面临断顿儿之危的，周围的朋友们就都想办法帮她。比如，我家有点侨汇券（某些年里，国外汇款来，必须兑换成人民币才能拿到手，但会给你一点侨汇券，能在西单商场凭它加人民币买到些紧俏食品），能买到"金奖"时就给先生送两瓶去。往往正是先生断顿儿时，一看就说："这得收起来，省着喝。"断顿儿的时候，先生也会想办法，比如，用白酒泡橙子皮，能去掉些烈性，将就着少喝点儿，也能凑合。当然，"金奖"不缺的时候，先生最踏实了。正午时分，我端回菜来，先生收去纸张画毡，便从墙角摸出一瓶"金奖"，倒上八成的一小杯酒，开始边吃边喝边聊。先生那个酒杯平常就放在画案上，是个雕花镶金边带把儿的白瓷酒杯，边沿处磕掉了一小块儿，也没影响继续使用。先生的酒量不大，一般是再加一次，喝完正好，有时高兴了，先生就会念叨着"再饶一寻"，又斟上一点。我一直不知道是哪个"寻"字，只知道那意思是再来半杯。这半杯，喝舒服了没事，有助畅谈，喝不舒服了就容易舌头大，言语不清，最好的解决方式是赶紧躺下休息。

陪先生喝了些许年"金奖"，眼见"金奖"成为她的酒中至爱，最后送去的两瓶"金奖"先生竟来不及启封就撒手而去了，致使我此后再也不喝这个牌子的酒了，我在一组与酒相关的文章中特意写了一篇《不喝金奖白兰地》。

先生在穿着上最不讲究，夏天是长袖小褂儿（没见过她穿短袖），春秋是四个兜的制服和开身毛衣，冬天是中式棉袄，从不穿皮鞋。先生的家也不讲究，最"高级"的一件家具是个单开门带镜子的大衣柜。这么多年，我只见先生家置办了三个普通的书柜，其他什么都没添过。没有沙发，两把旧藤椅的藤条早都断了，只剩个藤椅架子，绑些宽布条子接着坐，坐得布纹都蹭毛了。画案旁连把椅子都不放，与画案配套的始终是一张凳子，绑了个坐垫而已。先生自嘲地称那凳子为"猴儿凳"。两间房里两张最普通的木板单人床，一九七六年唐山地震后，为了防余震，在床上加了个木板顶，如同上下铺，上面成了日后堆宣纸的地方。直到一九八三年搬了新家，那床才恢复原状。墙是长年烟熏的颜色，从未再粉刷过，过年时我们帮着扫除，一胡噜就往下掉墙皮。就是这样的生活（说是生存可能更准）环境，先生画出了那么美的画。反差，巨大的反差呀！先生有话：生活不将就，艺术就不讲究。这么辩证的话，也不知她是怎么琢磨出来的。还有一句话，她也常说，而且记得很清楚那是老舍先生讲的，大意是：有些年轻人问我，搞创作有什么窍门？我的答复是，我只知道勤学苦练，不知道什么窍门。假如有人自认为找到了窍门的话，我也要奉劝一句，那很可能是邪门。

平常聊天时，先生爱讲些画家逸事。我在北京市少年宫的美术班学画时，有一天美术老师毛水仙请来她的老师阿老给我们讲人物写生。下了课去先生家，说了课上的事后，先生说，阿老这人很有意思，他能用鼻子弹钢琴，弹出调调，大家都不知道他是怎么练出来的。说到黄均，先生笑他书呆子，去医院看病还带本书，等着叫号时就看书，吐痰时抓起带长把儿的痰桶盖儿，吐完就忘了盖回去，正好叫到他，把痰桶盖儿直接拎到医生那儿去了。还说到一位小辈的画家办画展，先生去看时觉得他的雨竹画得很有特点，问他怎么画的，他悄悄告诉先生：画完竹子后往纸上吐了点吐沫，觉得见效，以后就喷水了。

先生不爱应酬，不愿见生人。有一次买菜回来，在院里碰上一生人问她：王叔晖在家吗？她不动声色地回答：不在家。过了个把钟头，有人敲门，先生开门一看，还是刚才那个人，说找王叔晖，只好回答"我就是"，倒弄得人家挺尴尬。

我与先生的接触中，见她哭过两次。一次是一九七六年，出版社突然通知她办理退休手续。她跟我说，"让我卷铺盖回家了"。那天晚上我陪先生吃饭，酒喝得并不多，心里不顺，先生说着说着就哭了，哭声中还能听到她问我："小力，我还不老吧？"很快，先生就调整了自己的心态，在家开始临写孙过庭的《书谱》。她说不练不行，腕力会退化的。她还常鼓励我练字，我的一套四卷本的《三希堂法帖》也是先生送的，她在一卷首页写的字是"蒋力学习"。另一次的哭更厉害，那是一九八一年前后，我当时已经办了护照，准备去美国学习。晚上吃饭，"金奖"把盏，说到我要去美国读书，先生忍不住地哭起来，最后竟至号啕，她说："小力你要是走了，咱们爷俩这辈子就见不着了！"这话对我触动很深，能觉出先生对我这个小辈的亲情，也促使我改变了出国的主意。

一九七七年初，我中学毕业后，恢复高考的消息还没有传出来的那段时间里，我开始正式随先生习画。先生教画的步骤是让我先练大字，用废报纸，站着写，为的是锻炼腕力；画写生，去公园画花卉写生，带回来让先生点评；临摹她的画稿，同时给我讲线描技巧。那年春天的几个月里，我几乎天天早晨都是在中山公园度过的，因为早晨的花开得最美，太阳高了，花就不那么鲜灵了。我写生画得最多的是牡丹和芍药，画累了，就停下笔来，四处溜达着看看别人怎么画。看来看去，发现有一位黑黑瘦瘦的中年教师带着一班学生也在画写生，也是天天出现，我就在那位教师身后多看些时间。看得多了，似乎便也看出些门道，比如，他用橡皮特别勤，原来是力求笔触的准确，有时竟不惜擦去刚刚画出的好几片花瓣。他画累了时的休息方式不是溜达是抽烟，还要加个烟嘴儿（那时带过滤嘴的烟还属罕见）。可能是几天中常见到我，面孔相对熟了，做的事情也一样，他便也跟我说几句话，也问了我是跟谁学画。我也请问了他的姓名和单位：高宗水，北京工艺美术学校教师。到先生家时讲了这事，先生说，那是俞致贞先生的学生，听说原来在园林局工作，花卉写生很不错，功底扎实，你可以跟他学学的。事情虽小，但也见出先生的没有门户之见。

按先生指教，我在公园里再见到高老师时，就表示了请教的意思，他也不讲条件，马上就给我讲了应当选择什么样的花去写生，要注意花的什么状态，等等。我还带了几张写生和白描花卉去高老师家请教。看到高老师家门外有许多牵牛花时,我说想起先生说的她画牵牛花时,俞先生告诉她牵牛花的生长有一个规律,就是花蔓都是逆时针方向往上爬。高老师微微一笑,说那是他告诉俞先生的。高老师还对我说,你的老师是大家,但她的主要特长是仕女,尤其是头发画得好,王先生的丝(动词概念)头发是一绝;花卉不是很精到,她画的花都是中景的感觉。我把这话转告了先生,先生说他说得对,后来画史湘云那幅画时,画面上有二十几朵芍药,先生就注意了画法上远近的有别。

先生不大赞成工笔重彩这个提法,因为当时成立了北京工笔重彩画会,后来又成立了中国工笔重彩研究会(或画会),大有复兴工笔画的意思,两会都给先生发了顾问的聘书。先生除参加画展之外,没有参加过画会的其他活动,她不以为然地说:"我才没那么多闲工夫呢,我是既不顾也不问,把自己的画儿画好是最主要的。"先生认为,工笔重彩,只是工笔画中的一种,并非所有的工笔画都是重彩,也有淡彩,甚至纯墨的,所以不能一概以工笔重彩论之。说白了,先生画了一辈子工笔,越来越不喜欢重彩。这从先生的画,尤其是晚年那些单幅画中,就可以感受得到。那些画中,"彩"最"重"的大概就是王熙凤那幅了。即便相对"重"了些(是为了与人物吻合),也是有层次,有明暗,绝不会平涂朱砂、石青、石绿之类的硬颜色。相比起来,中年时画的十六幅彩色堂屏的《西厢记》,色彩倒更鲜艳一些,我想,这该与人之中年与晚年的心境不同有一定关系。晚年的先生画过李清照,一稿画了两张,前一张有彩,后一张黑白。我更喜欢的是后一张,墨勾、墨皴、墨染,非常地道,只有开脸(人物面部)时用了少许颜色,是朱膘和洋红。窗外的石头上点了绿苔。那绝对是对工笔重彩概念的反叛,是有意为之。那种美,除了以淡雅、典雅称之,让人想到"墨分五色"不仅可画写意,亦可画工笔,我实在想不出更准确的词来描绘了。

先生偏爱的一种颜色是花青、藤黄和白粉调和在一起的复色,一般人称之藕荷色,先生称之雪青。我也喜爱这个颜色,喜爱雪青这个叫法。先生画的林黛玉和李清照有彩的那幅,人物的衣服都是这个颜色,画藤萝花就更少不了这个颜色了。先生的画中多次出现紫藤花,也多次以紫藤花为主要表现对象。搬家之前,先生把一幅扇面藤萝送给了我。那是一幅小写意,尚缺几笔,晚饭后先生说现在就加上。结果,因为吃过酒,把握失度,墨中水分多了些,青苔也没点好。我请荣宝斋的孙树梅帮我装裱时,孙先生显然是行家,过眼的画不计其数,对画家的风格了如指掌,他迟疑地说:"这不像是王先生的画。"我说了缘由,孙先生才明白就里。这幅画随我多年,就挂在书桌旁,闲时看看,总像是与先生对话,或被先生提醒了。先生最满意的一幅藤萝是为宋庆龄故居画的,那幅画也表达了她对国家名誉主席宋庆龄女士的敬意。故居开放后,宝叔叔先生带大的侄儿和我都去参观过,他记得画是挂在卧室,我记得是挂在楼梯转弯处。也许是改换过位置,但现在是看不到了。

我当时随先生习画的目的,是准备报考美术院校的,后来听说恢复高考后第一届招生时,艺术院校的名额基本内定(其实不确),不敢去碰钉子,就转而报考了中文系,依次为北大、北师大和师院,最后被北京师范学院录取。上学时还偶尔画画,自认为画得较好的两幅分别是孟姜女和上官婉儿。毕业后就渐渐与工笔画绝缘了,太费时间啊!后来在杂志社和报社工作期间,我着力搞过一段美术评论,画过几幅人像,算是我与绘画的最后一点牵连了。所以在多年以后为"画传"补写这部分文字时,我已不敢多谈技法,甚至连我曾论及的王叔晖作品的主要美学特色是"静"这样的自认为独到的观点都未提及。

我清楚地记得,一九八五年七月,早已过了紫藤花开的时节,我家院里的老藤却莫名其妙地冒出了一串花蕾。无端无据地说它是不祥之兆,未免有些迷信,然而,我就是在这时得知了先生去世的消息。告别先生之后的一个深夜,我在紫藤荫下含泪写出第一篇悼念先生的文章。灯下,叶绿如墨,花影婆娑。我觉得,先生即如虬劲的老藤,她的画则宛若那盛开的紫藤花。岁月在花开花落中流逝,我们却依然能嗅到紫藤花的芳馨。这是最令我知足的一点。

先生去世后这些年来,她的作品不断地再版,解放前的旧作有些也被翻出来出版。制作最讲究的一套连环画佳作典藏本是上海大可堂文化有限公司承制的,用宣纸印刷,效果极佳,还配了锦盒包装,售价五百元。可惜的是说明文字中错了好几处。它的非宣纸本(人民美术出版社出版,售价九十八元)中也有这些错处,连姜维朴先生的序文中都有错字。

拍卖市场和画廊里也偶见标着先生姓名的作品,标价都不高。我见过的几幅,没有一幅是真迹,仅从线描的力度上即可断定是仿作。先生心软,晚年的画稿有几幅曾被他人拿走临摹,想必是在先生身后起了作用。我的观点是:先生早年的作品艺术质量不甚高,收藏价值不大;晚年退休后精心绘画,作画数量有限,总数不超过二三十幅,流于坊间的可能性极小,如是真迹,价格当不会低。只标个三几千,连材料和工夫钱都不够,那是开玩笑了。

捍卫和珍视先生的名誉，指出伪作的症结，是我作为先生徒孙的职责。但我知道，由于通家之好与隔代师徒这两层原因，我对先生作品的批评性分析几乎没有只字落在纸面上，即便过了这么多年，我也不愿意这么做。我的老友柯文辉先生在为我的纪实文学作品集《变革中的文化潮》（《丹青赋》收录其中）所作序文中，有一大段涉及先生和我，摘录如下：

蒋力选择传主也许有短视之处，但绝不势利。例如王叔晖先生，无大师雅号，画非港台画商"炒"的目标。但人品高洁，以身殉艺的虔诚，正是中国艺术家最宝贵的健骨。她的成就与不足都打着时空与性格的双重印痕。除去绘画，她放弃了包括爱情在内的全部个人幸福，躲入心的岩穴愈深，从书画及诗文中得到的抚慰愈多，离复杂的社会生活愈远。画品是人品的延伸，对大千世界众生相的研究不深，个人感情久处封闭，画外但求麻木的平静，画里人物面部造型变化不多，线条包含的情感略输丰厚，限制了她向更高境界的升华。这缕悲剧性的妙光激动着用赤子眼看圣母情的蒋力，为传主与作家之间最稀有最相知的诗心悸动，为亲子间也难体味到的美，离尘绝俗，云海仙芝，雪峰白莲，瑶池凤羽，冰下彩焰。解得此意，能不泪瀑滔滔，唏嘘而掷笔?!蒋力！真挚的朋友！此刻，我内心矛盾之极：作为庸人，希望你发财、享福，有别墅、汽车，周游世界，却远离叔晖女史的内心世界；作为读者，我残忍地盼望你经受人世风涛漂洗，尝尽百味，遭到金钱的放逐，走入叔晖先生寂寞的心海底层，抛别一切旧作，立于审美峰巅，垂下一头白发，为画的女儿，为他人所不曾从她画里画外得到的母爱，平视魂的慈母，找到干枯的丰满，识须弥于芥子。灵光的颤动,墨痕血痕的交迸,阴影与立体感的握手碰杯。在他人无话可说处倾泻出一条澄澈如镜的河流,静静地驶向人类心灵史的巨洋……在解决做好人与过好日子的矛盾上,敢与传主骄傲地一笑!我也衷心希望叔晖先生的画集能够尽早出版,历史和后人都会为此而感谢出版社及编辑的眼光。

这篇文章写于一九九三年。柯公是美术史论家,也是诗人、剧作家、艺术评论家,一九九三年的文字,判断、分析、期望,今天看来,大都准确,故可借来作结,作为我这次勉力修订增补"画传"而自知仍有不足的补充。

戊子(二〇〇八)霜降之日,记于望京花园

王叔晖先生的墓,占了八宝山公墓骨灰墙上的一格,封挡格子的石版即为墓碑——大概是最小的墓碑了。初无选择,只有水磨石的石版,风吹雨淋日晒,没过几年就暗旧了下来。后来换的碑版,材料好了许多,但又过于光亮了。前后两款显然有别,用哪个好些?请编辑定夺吧。

二〇二二年七月看二校时补记